JN024297

KNOWLEDGE COMMONS

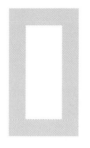

西川　開
Nishikawa Kai

知識コモンズ
とは何か

パブリックドメインから
コミュニティ・ガバナンスへ

勁草書房

はしがき

　情報社会の発達によって人間や機械の生み出す知識や情報，データの量は飛躍的に増大しつつあり，これらを作成・管理・活用するための技術や制度も日々変遷を続けている。こうした状況のもと，社会や組織のなかで知識や情報，データをどのようにガバナンスするかという問題が重要となっている。本書であつかう知識コモンズ（knowledge commons）研究は，知識のガバナンスに関する制度のありようを分析する研究領域であり，その知見はガバナンスの制度設計をおこなう際の指針としても活用されている。

　知識コモンズ研究では，「知識」を「コモンズ」としてとらえて研究をおこなう。ここでいう知識とは，科学や芸術，社会活動の結果として生み出される多種多様な知識や情報，データの総称である。一方のコモンズはその時々で異なる定義が与えられてきた用語であるが，概していうと，人々により共有される資源やそうした資源を管理するための制度を意味する。コモンズに関する研究はもともと牧草地や漁場といった自然資源を対象として進められてきたが，1990 年代より上記の意味での知識とコモンズをむすびつける研究がみられるようになった。本書はこうした知識コモンズ研究について，その展開の経緯や基本的な考え方，社会に与えた影響などを明らかにしていく。

　本書は 2 部構成である。第 I 部では，知識コモンズ研究のルーツである自然資源を対象とするコモンズ研究からはじめて，1990 年代から現在に至るまでのおおよそ 30 年間の知識コモンズ研究の展開の様子を概観する。第 II 部では，知識コモンズ研究の知見がどのように応用あるいは実装されているのかを各論的に論じることで，知識コモンズ研究の意義をさぐる。知識コモンズ研究に関連する書籍はこれまで日本でもいくつか刊行されているが，それらは基本的に 2000 年代までの比較的早期の研究動向に触れるにとどまっている。そのため本書は，知識コモンズ研究の現在までの発展を通時的に論じた，おそらく日本ではじめての書籍であると考えられる。

本書は主に次のような人たちを読者として想定している。まず，情報法や情報政策，図書館情報学といった分野にかかわる研究者や実務者，学部生，大学院生があげられる。また，より一般的に，コモンズやデータガバナンス，知識共有，オープン化，知的財産権，パブリックドメインといったキーワードに関心のある人に手に取ってもらえればと考えている。最後に，本書第Ⅱ部では研究データリポジトリやデジタルアーカイブ，オープンアクセスに関する事例をとりあげることから，これらに携わる人にも関心をもってもらうことができるのではないだろうか。

　知識コモンズ研究には本書ではじめて触れることになる読者も多いと考えられることから，とくに前提知識を必要とせずに読み進めることができるよう，平易な記述を心がけたつもりである。一方で，こうした執筆方針との兼ね合いにより，理論や手法に関する詳細な説明を割愛した箇所もある。このことから，本書は知識コモンズに関する学習や研究を進めていく際の入り口として活用してもらえればと考えている。なお，本書は基本的に1章から順に読んでいくことで内容を理解できるように書いているが，第Ⅱ部を構成する6章から8章までの3章については，関心のあるところから読んでいただいてかまわない。

　本書の内容は，筆者が筑波大学大学院図書館情報メディア研究科に提出した博士論文『知識コモンズの観点による日本の研究データリポジトリにおける研究データガバナンスの分析』をもとにしている。この論文はタイトルの通り，日本の研究データリポジトリにおける研究データガバナンスの実態を明らかにすることを目的としており，そのための分析枠組みとして知識コモンズ研究の知見を応用している。いわば，研究データガバナンスの分析が主であり，知識コモンズ研究はそのための手段であった。それに対して本書は，知識コモンズ研究の概要を読者に伝えることを主な目的とする。本書の執筆に際しては，この目的の変更に合わせて博士論文の内容を大きく書き換えるとともに，構成を一から組み直し，新たに必要となった内容を適宜追加している。このとき，もともと博士論文の主目的であった研究データガバナンスの分析については，本書6章においてその要点のみをまとめる形であつかうこととした。

　筆者が知識コモンズ研究に関心をもつようになったのは，デジタルアーカイ

ブやオープンアクセス，オープンソースソフトウェアなど知識のオープン化を推進・保持しようという取り組みにおいて，「コモンズ」の名を冠するツールやプロジェクトが多数存在することに気がついたのがきっかけである。そこでいう「コモンズ」は単なるバズワードやキャッチコピーとして使われているに過ぎない場合もあるが，掘り下げて調べていくと学問的な裏付けのある概念でもあることがわかってきた。一見すると異なる方向を向いているようにもみえる上記の取り組みは，実は少なからず共通する問題に直面しており，その問題を乗り越えるために知識コモンズ研究の知見を取り入れつつある。裏を返すと，知識コモンズ研究の観点に立つことでこれらの取り組みを領域横断的にとらえることができるようになるのではないか——。本書はこうした関心にもとづく筆者の約7年間の研究成果をまとめたものである。

　知識コモンズ研究は，知識を共有しつつ維持管理していくには多様なガバナンスの方法がありうることを教えてくれる。本書がこの研究領域を理解する一助となるとともに，知識のガバナンスに関する議論や実践にいくばくかでも貢献することができれば幸いである。

知識コモンズとは何か
パブリックドメインからコミュニティ・ガバナンスへ

目　次

はしがき

4章 知識コモンズ研究の系統化 ……………49

—IADアプローチ—

第Ⅱ部　知識コモンズ研究の応用と実践

6章　GKC アプローチにもとづく 研究データガバナンスの分析

1章　はじめに
―知識コモンズ研究をどうみるか―

1.1　コモンズと知識コモンズ

　コモンズという言葉を耳にしたことのある人は多いだろう。何らかの組織や
サービス，製品などの名称として，巷には「○○コモンズ」という言葉があふ
れている。このようにコモンズは一種のバズワードである一方で，古くから英
語のなかに存在してきた言葉でもある。オックスフォード英英辞典によると，
一般名詞としての「コモンズ（単数形は common，複数形は commons）」には，
(1) 町や村にあって誰もが使うことのできる空き地，もしくは特にアメリカに
おける用法として，(2) 学校内で生徒が食事をとることのできる広い部屋とい
う2つの意味がある。また，固有名詞としての「コモンズ（Commons）」は，
イギリスの下院である庶民院（House of Commons）の略称にあたる。これらの
うち本書と最も関連が深いのは，(1) の用法でのコモンズである。

　コモンズに関する研究は，ハーディン（Hardin, G.）という研究者が1968年
に公表した『コモンズの悲劇』（Hardin, 1968）という論文をきっかけとして，
盛んにおこなわれるようになった。ハーディンは「コモンズ」を狭義には共同
牧草地を意味する言葉として用いており，誰もが使うことのできる牧草地はや
がては使い尽くされてなくなってしまうと論じていた。ただし共同牧草地はあ
くまで比喩にすぎず，ハーディンは「コモンズ」を共有の資源一般を指す言葉
として拡張したうえで，コモンズはそのままでは維持することができず，何ら
かの制度のもとで管理する必要があることを訴えていた。

　ハーディンに続く研究者たちは，牧草地や森林，漁場，灌漑といったさまざ
まな種類の自然資源を対象として，共有される資源を維持するための制度につ

いて研究を重ねていくようになる。そして，研究が発展するにともない専門の学会や学術雑誌が登場するようになり，コモンズ研究は独自の研究領域として確立されていった。

　他方で，1990年代より「知識」をコモンズとしてとらえる研究があらわれるようになる。ここでいう知識（knowledge）とは，科学や芸術，社会活動の結果として生み出される多種多様な知識や情報，データを総称する包括的な概念である。知識をコモンズとみなす研究者たちも，自然資源を対象とする研究者たちと同様に，共有される知識を管理する制度のありように関心を向けて研究を進めていった。こうした研究は方法論の大きな転換を迎えつつも現在に至るまで継続されている。

　本書では，知識をコモンズととらえる研究のことを知識コモンズ研究とよび，その約30年間におよぶ展開の軌跡をたどっていく。

1.2　知識コモンズ研究の展開

　図1.1は，知識コモンズ研究の展開の様子を，その前身である自然資源を対象とするコモンズ研究を含めて4段階に大別したものである。各段階では異なる方法論によって研究がおこなわれてきたほか，研究の対象となる（知識）コモンズについても異なる定義が与えられてきた。図1.1では，各段階の研究がおこなわれていた主な期間とその特徴，（知識）コモンズのとらえ方をそれぞれ簡単にまとめている。

　図1.1の左端に位置するのが自然資源を対象とするコモンズ研究である。本

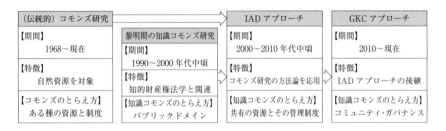

図1.1　知識コモンズ研究の展開

書第 3 章で詳しく述べるが，こうしたコモンズ研究は，知識コモンズ研究など自然資源とは異なる種類の資源を対象とする研究と区別するために，伝統的コモンズ研究とよばれることがある。1.1 でふれたように，コモンズ研究は 1968 年を起点として発展し，現在にいたるまで研究が続けられている。そして，研究の発展のなかでコモンズを資源と資源を維持管理するための制度に分けてとらえるようになり，さらに資源と制度それぞれをより精緻に類型化したうえで分析をおこなっている。

　次に本書では，1990 年代から 2000 年代中頃までを知識コモンズ研究の黎明期として位置づける。この時期の知識コモンズ研究は，当時インターネットの普及を受けて各国において知的財産権法の改正が進められていたことを背景として，特に北米の法学者たちの手によって主導されていた。この時期の研究成果として日本で最もよく知られているのは，クリエイティブ・コモンズの創設者であるレッシグ（Lessig, L.）による『コモンズ：ネット上の所有権強化は技術革新を殺す』（Lessig, 2001 山形訳 2002）と，その社会実装ともいえるクリエイティブ・コモンズ・ライセンスであろう。また，黎明期におこなわれた研究の多くは概してコモンズという用語をパブリックドメインと同義的に用いていた。

　黎明期の知識コモンズ研究は今日にまで影響をおよぼすような成果を生み出したが，それまで（伝統的）コモンズ研究で積み重ねられてきた概念や方法論などの知見は踏襲されていなかった。しかし 2000 年代に入ると，コモンズ研究の主導的な研究者の一人であるオストロム（Ostrom, E.）が，コモンズ研究の知見を知識コモンズ研究に応用することを試みるようになる。本書ではオストロムが提案した知識コモンズ研究の方法論を IAD アプローチとよぶこととし，同アプローチの影響下にある 2000 年代から 2010 年代中頃までの知識コモンズ研究を，黎明期の知識コモンズ研究とは異なるものとしてとらえる。また，IAD アプローチによる研究では，（知識）コモンズをパブリックドメインと同一視するのではなく，共有の資源とその管理制度の双方を意味する概念として理解していた。

　IAD アプローチは（伝統的）コモンズ研究の影響を色濃く受ける方法論であったが，2010 年前後より知識資源の性質に合わせた IAD アプローチの修正が

試みられるようになる。本書ではIADアプローチの後継である知識コモンズ研究の新たな方法論のことをGKCアプローチとよぶこととし，同方法論にもとづく研究をIADアプローチとは区別する。GKCアプローチにおいて（知識）コモンズとは，知識資源のガバナンスの一形態であるコミュニティ・ガバナンスを意味するものとしてとらえられる。コミュニティ・ガバナンスとは，複数の個人や組織があつまってコミュニティを形成し，そのコミュニティが主体的に知識資源の生産や管理を担うことを指す。GKCアプローチによる研究は現在まで盛んにおこなわれており，特に近年では新たな展開がみられるようになっている。

　図1.1で示す区分はあくまで便宜的なものに過ぎず，実際には各段階の特徴を備えた研究が今日でも併存している。特に，GKCアプローチはIADアプローチの延長線上にあり，両者は必ずしも明確に区別できない場合も多い。また，各段階の特徴から逸脱するような研究も存在する。他方で，上記の区分は知識コモンズ研究の概念や方法論の変遷・発展の様子をある程度的確にあらわしており，知識コモンズ研究の展開の様子を巨視的に眺める際の助けとなると思われる。次章以降では，各段階の研究の様子についてより詳しい説明をおこなっていく。

1.3　本書のねらいと構成

　知識コモンズ研究はその時々で社会に大きな影響を与えてきた。黎明期に生み出されたクリエイティブ・コモンズ・ライセンスは，今日ではデータやコンテンツをオープンに流通させるために必須のツールとして機能している。また，IADアプローチ以降の知識コモンズ研究の知見は，オープンサイエンスやデジタルアーカイブに関連するプロジェクトの制度設計を支える理論的根拠として活用されるとともに，現在ではEUのデータ政策にも影響をおよぼしつつある。

　他方，本邦では，レッシグら黎明期の知識コモンズ研究については翻訳書が刊行されるとともに関連する研究や議論も数多くなされてきたが，IADアプローチ以降の研究動向に焦点を当てた研究は少なく，その方法論や研究成果は

十分に理解されているとは言いがたい状況にある。この原因の一端としては，IADアプローチ以降の知識コモンズ研究を理解するにはその前身であるコモンズ研究の概念や方法論に関する知識が必要となることが考えられる。コモンズ研究は主に環境学や人類学等を専門とする研究者が取り組んできたのに対して，（黎明期の）知識コモンズ研究に関心を向けてきたのは主に知的財産権法学や情報学の研究者であり，こうした専門分野のギャップが，両者の知見を統合する形で進められているIADアプローチ以降の知識コモンズ研究の受容を妨げてきたのではないだろうか。

　そこで本書では，まず第Ⅰ部において，自然資源を対象とするコモンズ研究からはじめて最新の研究動向に至るまでの知識コモンズ研究の展開の様子を通時的に概説する。このとき，特に基本概念である「（知識）コモンズ」と，方法論の変遷に着目して説明をおこなう。続く第Ⅱ部では，IADアプローチ以降の知識コモンズ研究の知見がどのように応用もしくは実装されているかを，実際の事例を取りあげつつ概観する。以上を通して現在までの知識コモンズ研究の全容に見通しをつけるとともに，その意義について検討をおこなう。これによって，知識コモンズ研究に興味のある研究者や学生，もしくはデータや情報の管理に関する制度設計を担う実務者が，知識コモンズ研究の方法論やこれまでの主な成果を理解するための一助となることを本書のねらいとする。

　第Ⅰ部は，第2章から第5章までの4章によって構成される。第2章では，自然資源を対象とするコモンズ研究をあつかう。研究の嚆矢となったHardin (1968)を説明するところからはじめ，その反証となる事例を積み重ねる形で研究が発展し，基本概念の精緻化が進められていった様子をみていく。最後に，後に知識コモンズ研究に深い影響をおよぼすこととなる，オストロムによる1990年頃までの研究について説明をおこなう。

　第3章では，知識コモンズ研究の黎明期の動向を概観する。まず，1990年代頃より，それまでのコモンズ研究の枠にはおさまらない新しいタイプのコモンズ研究がみられるようになったことを示す。次に，こうした新しいコモンズ研究のなかの一領域として台頭してきた知識コモンズ研究とそれまでのコモンズ研究との理論的な相違点を，当時の主要な研究を参照しつつ説明していく。最後に，この時期にみられた多様な研究成果のうち，現在まで影響力を保持し

ているものをいくつか取り上げて概観する。

第4章はIADアプローチに対応する。IADアプローチとは，IADとよばれるフレームワークにもとづいたケーススタディを基本とする知識コモンズ研究の方法論である。第4章では，IADアプローチにおける知識コモンズのとらえ方やIADの詳細について論じたうえで，同アプローチがどのように展開したのか，それが知識コモンズ研究にもたらした意義は何か，同アプローチの課題は何であるかを検討する。

第5章では，GKCアプローチについて論じる。IADアプローチと同様にGKCアプローチも，GKCフレームワークにもとづくケーススタディの実施を基本的な研究方法として想定している。第5章でも，GKCアプローチの基本概念についての説明から話をはじめ，GKCフレームワークにもとづくケーススタディの実施方法を詳説し，同アプローチの展開の様子や現在までの成果や課題について概観する。最後に，近年進められている，GKCアプローチの対象範囲にプライバシーに関する制度を含めようとする研究動向についてもふれる。

続く第II部には，第6章から第8章までの3章が含まれる。第6章では，GKCアプローチの知見の応用例として，筆者による日本の研究データガバナンスに関する研究を取りあげる。まず，GKCフレームワークにもとづくことで，どのように日本の研究データガバナンスを知識コモンズとしてとらえることができるかを簡単に示す。次に，GKCアプローチの理論的知見を応用して研究データガバナンスを分析するための枠組みを構築し，その枠組みを用いた日本の研究データガバナンスの現状分析の結果について概説する。

第7章では，IADアプローチの知見の社会実装の例として，ヨーロッパ最大のデジタルアーカイブであるEuropeanaを取りあげる。EuropeanaにはEU加盟国を中心として40か国超が参加しており，ユーザーはEuropeanaを介して各国の博物館や美術館，図書館，アーカイブズ等が保有する文化遺産のデータにアクセスすることができる。第7章ではEuropeanaの概要の説明からはじめて，EuropeanaがIADアプローチに着目するに至った経緯やその知見の反映の仕方，意義について検討をおこなう。

第8章では，学術情報のオープンアクセス（OA）に関する動向と知識コモ

ンズ研究の知見の関係について論じる。OA とは，論文や学術書などの学術情報をインターネット上でだれもが自由に利用できる形で公開することを指す。第8章ではまず OA の概要について説明をおこない，次いで知識コモンズ研究と OA の間にみられる相互の関係について検討する。以上に加えて，学術書の OA に関する COPIM というプロジェクトの制度設計に IAD アプローチと GKC アプローチの知見が取り入れられていることを論じる。

　本書の最後に位置する第9章では，本書全体の議論を整理したうえで，知識コモンズ研究の現状とその意義について検討をおこなう。章の最後では，本書の限界について論じる。

第Ⅰ部

知識コモンズ研究の展開

2章　知識コモンズ研究の淵源

本章では，知識コモンズ研究の淵源である，漁場や森林，水資源といった自然資源を対象とするコモンズ研究（伝統的コモンズ研究）について論じる。こうしたコモンズ研究は，資源を持続可能な形で管理するための制度のありように焦点を当てて，さまざまな概念や方法論を生み出してきた。これらの知見は知識コモンズ研究にも大きな影響を与えているため，知識コモンズ研究を理解するにはコモンズ研究の考え方を知るところからはじめる必要がある。

コモンズ研究は学際的な研究領域であり，異なる分野の研究者が各国で多様な研究成果をあげている。本書では，それらのなかでも特に知識コモンズ研究と関わりの深い，1990年代頃までの北米を中心とするコモンズ研究の動向を概観する。具体的には，まずコモンズ研究発展の契機となった論文である"The Tragedy of the Commons"（コモンズの悲劇）から話をはじめ（2.1），ついでコモンズ研究の基本的な概念をみていく（2.2）。最後に2.3において，コモンズ研究の主導的な研究者の一人であり，後に知識コモンズ研究でも大きな役割を果たした，オストロム（Ostrom, E.）の研究について概説する。

2.1　コモンズ研究の出発点

2.1.1　コモンズの悲劇とその帰結

コモンズ研究は，ハーディン（Hardin, G.）が1968年にサイエンス誌に寄稿した"The Tragedy of the Commons"（Hardin, 1968）という論文に触発される形で発展した研究領域であるといわれる（Dietz et al., 2002）[1]。この論文においてハーディンは，多数の人々により共有される資源は不可避的に荒廃へと至る

という，資源管理の悲劇的なシナリオである「コモンズ（共有地）の悲劇」を提起している。

　「コモンズの悲劇」では，誰もが自由に利用できる共同の牧草地（コモンズ）が荒廃するまでのメカニズムが描かれる。まず前提として，牧草地にあまり多くの牛を放すと牧草が足りなくなり，再生産される牧草の量も減ってしまう。そのため牛を育てるのに十分なだけの牧草を残しつつ持続可能に牧草地を維持していくには，放牧する牛の数を一定程度に抑える必要がある。しかし，共同牧草地を利用する農民にとっては，放牧する牛を一頭増やすことによる損失（たとえば牧草が減ること）はその牧草地を利用する農民全員で分割されるのに対して，牛を一頭増やすという利益はその農民だけが享受することになるため，農民一人当たりが受ける利益は常に損失を上回ることになる。したがって，それぞれの農民が自身の利益を最大化するために合理的に行動する場合，放牧する牛を増やすことが理にかなった行動であるため，皆が次々に牛の数を増やすこととなって，最終的にその牧草地は使い尽くされてなくなってしまう。

　ハーディンの問題意識は人口増加による資源の枯渇にあった。コモンズはかつて戦争や疫病によって農民や牛の数が自然と抑制されていた時代には存続することができたかもしれないが，社会が安定化し世界的に人口が増加している現代においては「コモンズの悲劇」のメカニズムが顕在化することとなり，もはや誰もが自由に利用できる状態のまま維持していくことは不可能である。また，ハーディンの議論では共同牧草地はあくまで比喩であり，「コモンズの悲劇」は自由に利用できる資源一般に当てはまるとされる。そのため，何らかの手段によってコモンズの利用を制限することが必要であるというのがハーディンの結論であった。

　「コモンズの悲劇」を回避するための具体的な方法として，ハーディンは以下の二つを提案している（Hardin, 1968; Hardin & Baden, 1968）。一つ目の方法は，コモンズに所有権を設定して，私有財産（private property）として個人や企業等の手に管理を委ねることである。この方法（私有化）によると，資源の所有者は法による保護のもとで当該の資源を勝手に利用しようとする他者を排除することができる。二つ目の方法は，政府機関がコモンズを公有財産（public property）として管理することである。この方法（公有化）では，政府機関

は利用規制等の措置によって当該の資源を保護することができる。これらの方法はいずれも，単一の主体が資源を所有することになるという点で共通している。

2.1.2 コモンズの悲劇の限界

以上のハーディンの議論は，学術の世界にとどまらず，各国の資源管理政策にも影響力をもつこととなる。特に1970年代にかけて発展途上国では，それまでコモンズとして存在していた森林や漁場等の資源を政府所有へと移行する措置が進められた（Arnold & Campbell, 1986）。しかし，Hardin（1968）を契機としてコモンズに関する実証的な研究が積み重ねられていくなかで，「コモンズの悲劇」にはいくつかの誤りや限界が含まれていることが明らかとなっていった。

まず，ハーディンはコモンズを，誰もが自由に利用することができて利用に関して何の制限もないという，オープンアクセス（open access）の状態にある資源としてとらえていた（Hardin, 1968）。しかし，自然資源を共有している事例を詳細に研究するなかで，実際のコモンズは誰もが利用できるわけではなく，一定のルールのもとで限定された範囲内にのみ利用する権限が与えられていることが報告されるようになる（Adhikari, 2001）。

また，「コモンズの悲劇」では，農民は互いにコミュニケーションをとらず，自身の短期的な利益を最大化するためにのみ行動することが前提となっている（Dietz et al., 2002; Hess & Ostrom, 2007）。しかし，実際のコモンズは時としてあるコミュニティの中で何世代にもわたって利用されていくものであり，そこでは利用者たちは互いに協調しつつ資源の過剰な利用を抑制するための仕組みを発展させている場合もあることがわかってきた。

さらに，コモンズはそのままでは持続可能ではないという想定のもとコモンズの公有化をおこなった国では，それまでそのコモンズの管理を実際におこなっていた農村などの現地コミュニティによる保全活動が非合法となり，加えて政府は自らが所有する資源に対する無許諾での利用を監視するための十分な手段をもたなかったために，事実上そのコモンズはオープンアクセスの状態となり，かえって荒廃することになるという事例もみられるようになった（Arnold

& Campbell, 1986; Dietz et al., 2002)。

　このように，研究と実践が進むにつれて，私有化もしくは公有化で悲劇を回避できるとは限らず，またコモンズが必ずしも悲劇へと至るわけではないことが明らかとなった。Hardin（1968）以降，研究者たちは世界各地において，私有化にも公有化にもよらずにコモンズを共有の資源のままで長期的に維持することに成功しているという，「コモンズの悲劇」の反証となる事例を発見していったのである。

2.2　コモンズ研究の基本概念

2.2.1　アナポリス会議

　ハーディンがコモンズの悲劇を提唱して以降，経済学や人類学，心理学といった異なる学問分野において，コモンズに関連する研究が進められるようになった。しかし，各分野ではそれぞれ独自の用語や理論が使われていたことから，同様の研究テーマに取り組んでいるにもかかわらず，分野を横断して議論をおこなうことが困難な状況にあった。また，研究対象とする資源の種類や地域が異なる場合も，研究者の間で十分に知見のやりとりがなされることはなかった。

　1983 年，全米研究評議会（National Research Council）のもとにコモンズに関する委員会が組織される。そして，この委員会が 1985 年にアメリカのメリーランド州アナポリスで開催した会議において，それまで個別的におこなわれてきたコモンズに関連する研究の統合が試みられることになる。アナポリス会議にはさまざまな学問分野において異なる地域や資源を研究対象としてきた研究者が参加しており，知見の交換や討論を通して，基本概念やこれまでの研究成果，今後取り組むべき研究課題の整理がなされた（Dietz et al., 2002; Hess, 2000）。こうして領域横断的な議論のための基盤が形成されたことによってコモンズに関する研究は活発化し，1980 年代後半以降は多くの重要な研究成果が生み出されるようになるとともに，1989 年にはコモンズ研究専門の学会である International Association for the Study of Common Property（IASCP）[2] が設立された。アナポリス会議の開催をきっかけとして，コモンズ研究が独自の研究領域として確立していくことになったといえる。

アナポリス会議の具体的な成果のうち，特に重要であるのが，「コモンズ（commons）」をはじめとする基本的な用語の整備がなされたことである。コモンズという語は，明確な定義が与えられた学術的な用語というよりも，多義的で日常的に使われる言葉である。文脈によって，共有の資源や設備を意味する用語として使われることもあれば，資源の共同所有や共同利用といったある種の制度を指す場合もある。アナポリス会議では，「コモンズ」という用語には資源としての側面と制度としての側面の双方が含まれていると認めたうえで，分析をおこなう際にはこの二つの側面を区別して考えることが重要であるとして，資源と制度それぞれの側面についての概念の精緻化がなされた（Dietz et al., 2002）。

2.2.2 資源としてのコモンズ

　資源としての側面に着目するとき，コモンズとはどのような性質の資源なのであろうか。ハーディンが「コモンズの悲劇」を発表した時代には，資源は「排除性（exclusion）」という基準により，「私有財（private goods）」か「公共財（public goods）」のいずれかに分類されていた（Hess & Ostrom, 2007）。排除性とは，第三者による当該の資源の利用を排除できるかどうかという基準である。容易に第三者を排除できる場合，その資源は私有財であり，排除が不可能ないし困難である場合は公共財となる。

　しかし，同じく公共財に分類される資源でも，たとえば共同牧草地と大気とでは明らかに性質が異なる。そこでより精緻に資源をとらえるために，Ostrom & Ostrom（1977）により「控除性（subtractability）」という基準が新たに追加された[3]。控除性とは，だれかが当該の資源を利用すると別のだれかは利用できなくなるかどうかという基準である。控除性が低い場合，当該の資源を利用することは別のだれかの利用をさまたげないが，控除性が高い場合，だれかが利用すると別のだれかはその資源を利用することができなくなる。

　排除性と控除性を組み合わせることで，資源は私有財と公共財に「クラブ財（club/toll goods）」と「コモンプール資源（common-pool resources）」[4] を加えた4種類に分類される（図2.1）。このとき，コモンズ研究が主に関心を向けるのはコモンプール資源である。控除性が低い場合は多人数により利用したとして

		控除性	
		低い	高い
排除性	困難	公共財 (Public goods) 夕焼け、国防、公共放送、消防…	コモンプール資源 (Common-pool resources) 灌漑、漁場、森林、牧草地…
	容易	クラブ財 (Club/toll goods) 電話サービス、有料道路、ケーブル TV…	私有財 (Private goods) パン、靴、自動車、本…

図 2.1 資源（財）の分類
（Ostrom & Ostrom（1977）と Hess & Ostrom（2007）をもとに筆者訳・作成）

も一人当たりが得ることができる利益は減少しないため，当該の資源を持続可能な形で利用していくことは容易である。また，排除が容易である場合はすなわち第三者を容易に締め出す事ができるため，やはり当該の資源を持続的に管理していくことは比較的容易である。しかし，図2.1にあるように，コモンプール資源は控除性が高く排除性は低いという性質をもち，最も維持の困難な資源である。

　また，コモンプール資源はさらに「資源システム（resource system）」と「資源ユニット（resource units）」に区分される（Ostrom, 1990）。コモンプール資源を利用する場合，資源システムそれ自体が利用の対象となるわけではない。資源システムは後述の資源ユニットを生み出すシステムを意味し，灌漑システム，漁場，森林，牧草地などがこれに相当する。一方で，資源ユニットは資源システムから人々が実際に利用するものを意味し，水や魚，木材，牧草などがこれに相当する。コモンプール資源に関する実際の事例では，資源システムと資源ユニットはそれぞれ異なる制度によって管理されることも多い（Hess & Ostrom, 2003）。

　以上から，コモンズ研究でいう（資源としての）コモンズとは，狭義にはコモンプール資源のことを指すと整理できる。さらにそこには，資源システムと資源ユニットの双方が含意されている。ただし，これはあくまで狭義の用法で

あり，コモンズ研究の文献でもコモンズという語を「人々の集団により共有される資源」（Hess & Ostrom (Eds.), 2007, p. 349）という一般的な意味合いで使うことは多い。

2.2.3 制度としてのコモンズ

　資源の場合と同様に，コモンズ研究では資源の所有制度についても類型化が行われてきた。研究の結果として，所有制度は「オープンアクセス（open access）」，「私的所有制（private property regime）」，「公的所有制（state property regime）」，「共的所有制（common property regime）」の4種類に大別されるようになる（Bromley & Cernea, 1989; Feeny et al., 1990)[5]。

　これらの類型はあくまで分析的な概念であるため，実際の事例では複数の制度を組み合わせた形で一つの資源が管理されている場合もあり，また各類型にも実際には多くのバリエーションが存在する。しかし，類型は分析に着手するための出発点となるものであり，コモンズ研究の研究者の間ではこの4類型にもとづいて資源の所有制度を区別することの有効性が認められていくようになる（Feeny et al., 1990)。このとき，制度としてのコモンズは，狭義には共的所有制のことを指す（Hess & Ostrom, 2007)。

　以上の類型のうち，オープンアクセスとは，明確に規定された所有権が存在せず，当該の資源をだれもが利用できる状態を指す（Feeny et al., 1990)。オープンアクセスのもとにある資源の例としては，大気など，だれのものでもなくだれもが利用することができるものがあげられる。

　私的所有制は，第三者による当該の資源の利用を排除する権利（私的所有権）を，個人（もしくは企業などの組織）がもつ制度である（Feeny et al., 1990)。私的所有権は国家により承認され，その実効性も国家によって保証される。また，私的所有権の保持者は，任意で権利を他者に譲渡することができる（Benkler, 2014)。私有地にある森林などが私的所有制により管理される資源の典型例である。ハーディンが「コモンズ」を守るための方法の一つとして提案した私有化は，私的所有制に相当するものと整理できる。

　私的所有制の対となるのが，公的所有制である。公的所有制は，国や地方公共団体といった公的機関が当該の資源の所有権をもつ制度である。たとえば国

有林などが公的所有制の例としてあげられる。ハーディンが提案する二つ目の方法（公有化）は，公的所有制に当たる。なお，私的所有制と公的所有制は，一つの主体が資源を排他的に管理する権利をもつ，集権的な制度であるという点では共通している。

　以上に対して，共的所有制は，特定可能なメンバーによって構成されるコミュニティが当該の資源の所有権を共同で保持する制度である（Feeny et al., 1990; Hees & Ostrom（Eds.），2007）。共的所有制のもとでは，コミュニティのメンバーは当該の資源を利用する権利を平等に有しており，メンバー内の特定のだれかが別のメンバーによる利用を排除するといったことはできない。このような分権的な性質は，私的所有制や公的所有制と比べたときの，共的所有制の特徴である。

　また，共的所有制のもとでは，コミュニティのメンバーは当該の資源の使用量や管理などについて定められたルールにしたがう義務を負う（Bromley, 1991）。共的所有制をとるコミュニティは多くの場合に独自の規範や権力システムを構築しており，上記のようなルールも当該のコミュニティによって自律的に策定される。共的所有制は国家により法的に承認されている場合もあるが，公的な立法プロセスの外で慣習的に存続してきた制度として，国家が黙認している場合もある（Feeny et al., 1990）。

　狭義の（制度としての）コモンズである共的所有制は，私的所有制とも公的所有制とも異なるが，資源を維持管理するための仕組みを備えているという点で，オープンアクセスとも異なる制度である。コモンズ研究はコモンプール資源を管理する制度に関する研究領域であるといえるが，アナポリス会議以降，各制度の類型の中でも特に共的所有制に焦点を当てた研究が多くみられるようになっていく。

2.3　オストロムのコモンズ研究

2.3.1　問題の所在

　以上でみたコモンズ研究の基本概念を踏まえて「コモンズの悲劇」の要点を整理しなおすと，次のようになる。まず，ハーディンの議論では明確な定義が

与えられていなかったが，「悲劇」の対象となる「コモンズ」とは，主にコモンプール資源としての性質を備えた資源のことを指すと考えられる。こうした資源は，控除性が高いにもかかわらず第三者の利用を排除することが困難であるという点で，同じく排除は困難である一方で控除性は低いという性質をもつ公共財よりも，持続可能性について深刻な問題を抱えている。

　また，ハーディンはコモンプール資源がオープンアクセスの状態にあることを前提していた。ハーディンはこの前提から，だれもが自由に利用できる状態にあるコモンプール資源には過剰利用に歯止めがかからず消尽するという悲劇が必然的に生じるため，それを回避するために資源をオープンアクセスから私的所有制か公的所有制のいずれかに移行する必要があるという結論を導いている。

　しかし，後続の研究によって明らかとされたように，実際のコモンプール資源はオープンアクセスの状態にあるとは限らず，共的所有制によって適切に維持管理されている場合もある。そして，共的所有制のもと管理されていた資源を私的所有制や公的所有制に移行させるとかえって荒廃を招く事態となりうることも，政策的実践を通して明らかとなっていった。つまり，「コモンズの悲劇」はオープンアクセスと共的所有制を混同しており，コモンプール資源を維持管理する方法として，私的所有制と公的所有制に替わる第三の選択肢である共的所有制を見落としていたということになる。

　Hardin（1968）を契機とするコモンズ研究の進展によって，コモンプール資源の維持管理に際して私的所有制や公的所有制は常に有効な方法であるとは限らず，共的所有制という第三の選択肢が存在することが明らかとなった。一方で，共的所有制もまた資源管理の絶対解ではない。（私的所有制や公的所有制についても同じことがいえるが）共的所有制はあくまで制度の類型であり，実際の事例では，当該の資源が直面している個々の事情に即した多様で複雑な制度が作り上げられている。これらのなかには，「コモンズの悲劇」の反証事例といえるような，コモンプール資源の長期的な維持に成功している事例も含まれるが，同時に維持に失敗したり，失敗しているとまではいえないものの脆弱性を抱えた制度しか構築できていない事例も存在する。

　このとき重要となるのは，共的所有制が機能するメカニズムを明らかにし，

資源管理の成否を分ける条件を特定していくことである。こうした新たな研究課題にアプローチするための方法論は，オストロム（Ostrom, E.）をはじめとする研究者たちによって確立されることとなる。

2.3.2　フレームワークにもとづくケーススタディ

コモンプール資源と共的所有制の研究に際してオストロムらが採用した研究方法とは，端的にいうと個々の事例に対する詳細なケーススタディと蓄積された個々のケーススタディの比較分析である。ただし，先述のようにコモンプール資源も共的所有制もそのありようは事例によって多様かつ複雑である。また，効果的に研究をおこなうには，それまで異なる分野の研究者たちがコモンズについて積み上げてきた知見を統合することも必要となる。そこでオストロムらは，資源を管理する制度を研究する際に着目すべき変数を整理・統合し，変数間の関係を図示した概念的なフレームワークを開発していった。

このフレームワークは第一には多様な事例を対象とするケーススタディから共通の変数に関するデータを抽出するためのツールであるが，研究者が研究計画を立案する際の指針ともなり，また異なる分野の研究者たちが互いに何について議論をおこなっているのかを明確にするための助けともなる。今日，このフレームワークは「IAD フレームワーク（Institutional Analysis and Development Framework, 以下 IAD）」という名前で知られており，コモンズ研究の枠にとどまらず制度分析において広く用いられている[6]。

IAD は，1980 年代にインディアナ大学の政治理論と政策分析ワークショップ（Workshop in Political Theory and Policy Analysis）に在籍していたオストロムやその同僚の研究者たちを中心に開発された（Ostrom, 2010）。当時，同ワークショップの研究者たちは警察制度や水資源，道路といった多様な資源やサービスを分権的に管理する制度の研究に取り組んでおり，こうした幅広い事例に応用できる理論的基盤を構築することを模索していた。1982 年には，ゲーム理論を基礎とすることで，IAD の原型となるフレームワークが提案される（Kiser & Ostrom, 1982）。その後，フレームワークの修正や実際にフレームワークを使った研究が進められていき，1994 年にはほぼ今日知られる形での IAD が策定されるにいたる（Ostrom et al., 1994）。

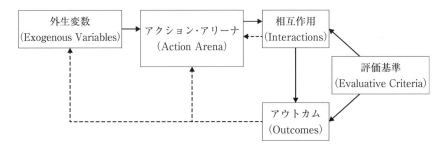

図 2.2　IAD フレームワーク概略
(Ostrom, 2005, p. 13 をもとに筆者訳・作成)

　図 2.2 に示すのが IAD の概略である。資源の管理に関わる者の間の相互の
やり取りと意思決定に関する分析を中心として（「アクション・アリーナ」と
「相互作用」），資源の状態などの外的な要因（「外生変数」）や，意思決定の結果
とそれに対する評価（「アウトカム」と「評価基準」）が意思決定のされ方に再帰
的に影響を与えることが図示されている。実際には図 2.2 の各要素のなかには
さらに複数の要素が含まれており，ある事例を分析する際にはそうした各要素
と要素間の関係を考慮することになる。IAD の詳細については，4 章で述べる
こととする。

2.3.3　設計原理の特定

　IAD の開発と並行して，オストロムはインディアナ大学の図書館員であっ
たマーティン（Martin, F.）の協力のもと，それまで分散的におこなわれてきた
コモンズに関するケーススタディを特定・収集し，文献目録を作成する（Mar-
tin, 1989）。このとき収集されたケーススタディは，異なる学問分野の研究者た
ちが農地や漁場，牧草地，森林，灌漑といった多様な資源を対象として執筆し
たものであり，その多くは長期的なフィールドワークの成果であった。

　オストロムはこのケーススタディのなかから，共的所有制によりコモンプー
ル資源の長期的な維持に成功している事例と失敗もしくは脆弱性を抱えている
事例を合計で 14 件選出し，IAD の前身であるフレームワークを用いてこれら
の比較分析を実施する（Ostrom, 1990）。この 14 件には，日本の村落やスペイ

表2.1　設計原理

（Ostrom, 1990, p. 90; Hess & Ostrom, 2007, p. 7 をもとに筆者訳・作成）

1.　明確に定義された境界 　　コモンプール資源から資源ユニットを引き出す権利をもつ個人や世帯は，資源自体の境界と同様に慎重に定義されなければならない。
2.　地域の事情に即したルール 　　時間，場所，技術および/または資源ユニットの量を規制する占有ルールは，地域の事情や，労働力，資材および/または資金の負担を定めた供給ルールと連動していること。
3.　集合的選択の取り決め 　　運用ルールの影響を受けるほとんどの人が，運用ルールの変更に参加可能であること。
4.　監視 　　コモンプール資源の状況やその占用者の行動を積極的に監視する監視者は，占用者に対する説明責任を負っているか，自身も占用者であること。
5.　段階的な制裁 　　運用ルールに違反した占用者は，他の占用者や占用者に説明責任を負う役員，あるいはその両方によって，（違反の深刻さと状況に応じて）段階的な制裁を受ける可能性があること。
6.　紛争解決メカニズム 　　占用者や役員は，占用者間あるいは占用者と役員の間に生じた諍いを解決するために，地域の話し合いの場に低コストかつ迅速にアクセスできること。
7.　組織化のための権利の最小限の承認 　　占用者が独自の精度を構築する権利は，外部の政府権力によって侵害されないこと。
8.　入れ子状の組織 　　占用や供給，監視，執行，紛争解決，ガバナンスが，入れ子状に組織されておこなわれていること。

ンの灌漑用水，トルコの沿岸漁業，アメリカの地下水資源など，特定の種類の資源や地域に偏らない多様な事例が含まれている。そして，比較分析の結果として，オストロムは共的所有制の成功事例が共通して備えている条件である「設計原理（design principles）」を特定するにいたる（表2.1）。

　設計原理でいう占用（appropriation）とは2.2.2でみた資源システムから資源ユニットを引き出すプロセスのことを指し，占有者（appropriator）とは占有をおこなう人のことを指す（Ostrom, 1990）。たとえば，漁場（資源システム）

から魚（資源ユニット）を獲ることが占有に，それを実行する漁師が占有者に相当する。このとき，資源システムは複数の占用者によって共同利用されるのに対して，いったん占用者が占用した資源ユニットはその占用者自身のものとなる。したがって，占用者はその資源ユニットを個人で消費したり，場合によっては第三者にその所有権を譲渡したりすることもできる。以下では，Ostrom（1990）を参照して，各条件について簡単な説明をおこなう。

条件1. 明確に定義された境界

　条件1は，当該のコモンプール資源の境界を設定することと，それを利用できる者（占用者）を限定することを指す。このことはすなわち，当該のコモンプール資源の内と外を分けること，および外にいる人間（第三者）の利用を排除できるようにすることを意味する。

条件2. 地域の事情に即したルール

　条件2は，占用の仕方に関するルールが，当該のコモンプール資源が位置する地域の状況や，資源を維持するのに必要となる労働力や資材，資金の供給に関するルールとうまく調和したものとなっていることを意味する。

条件3. 集合的選択の取り決め

　条件3でいう集合的選択（collective-choice）とは，ルールの水準に関する用語である。2.3.2で述べたIAD（およびその前身）では，コモンプール資源の管理をめぐるルールは，運用ルール（operational rules），集合的選択ルール（collective-choice rules），構造ルール（constitutional rules）の三段階に区分される（Kiser & Ostrom, 1982）。運用ルールは，いつ，どこで，どのように資源ユニットを引き出すかといった，占用者の日々の意思決定のあり方を定めるルールのことを指す。集合的選択ルールは，運用ルールを定める際に適用されるルールであり，たとえばコモンプール資源の管理方針に関する運用ルールを設定する際に，その意思決定に携わる占用者等に適用される。構造ルールはさらに上位のルールであり，集合的選択ルールを定める際に適用される。

　以上を踏まえると条件3は，運用ルールの影響を受ける占用者が，集合的選

択ルールレベルでの意思決定に参加して，運用ルールの修正に携わることができるようになっていることを意味するといえる。これにより，占用者は地域の事情に即したルールを適時策定していくことが可能となる。

条件4. 監視
条件5. 段階的な制裁

　ルールの違反者を特定するには監視が必要となることから，条件4と5は表裏一体の関係にあるといえる。監視者が，たとえば占用者に雇用されているなどして雇用者に対して説明責任を負っている場合，監視を怠ると解雇されることから積極的な監視がなされる。事例によっては，占用者同士が互いに互いの監視役となることで，監視にかかる費用が抑えられている場合もある。また，違反があった場合に一律で厳格な制裁（たとえば，高額な罰金やコミュニティからの追放など）を科すのではなく，違反の程度や回数に応じて段階的な罰則を適用することは，違反者や潜在に違反の可能性を抱えている他の占用者たちが自発的にルールを遵守するように仕向ける効果がある。

条件6. 紛争解決メカニズム

　時として法律の条文に異なる解釈の方法があるように，明確で単純なルールであっても人によってその解釈が異なる可能性がある。そのため，ルールを遵守する意志があったとしても結果的に違反してしまうこともあれば，明確な違反ではないがルールの穴をつくような解釈を意図的におこなうということもありうる。そこで，諍いが生じた際に速やかにルールの解釈や違反の原因等を話し合うことができる仕組みを用意することで，ルールの公正性を保つことが重要となる。

条件7. 組織化のための権利の最小限の承認

　コミュニティが独自に制度を構築する権利が，法律上有効なものとして政府によって認められていない場合も多い。そのため，コミュニティが設定したルールを回避しようとする者が，コミュニティの外部にある政府の力を借りてそのルールを覆そうとすることが起こりえる。そこで，政府がこうしたルールの

正統性について最小限の承認を与えることが，ルールを有効なものとして保持するために重要となる。

条件 8.　入れ子状の組織

　条件 8 は，特に大規模で複雑なコモンプール資源を維持することに成功している事例に共通してみられる条件である。入れ子状の組織とは，ある組織のなかにより小さい異なる組織が組み込まれているような場合を指す。たとえば，ある資源が広い地域にわたって存在している場合，その地域のなかの区画単位で組織をつくり当該の資源の保守に当たるとともに，個々の組織からなる連合組織をつくって区画間の利害の調整や資源全体のガバナンスをおこなうことが重要となる。

　設計原理は，持続可能なコモンズの特徴を説明するのに有用であるが，それを満たしてさえいれば必ず共的所有制がうまく機能するといった性質のものではない。オストロムは設計原理を暫定的な成果とみなしており，共的所有制の成功のために必須の条件を特定するにはさらなる研究が必要であると述べている（Ostrom, 1990）。そのため，自身の研究成果がコモンプール資源管理の万能薬のように受容されることを危惧してもいた（Ostrom, 2011）。しかし，公でも私でもない，共的所有制という第三の選択肢がありうることを知らしめたという点で，オストロムの研究（Ostrom, 1990）は「コモンズの悲劇」に続くコモンズ研究の転機となったと評される（Hess, 2000）。

2.4　小括

　本章では自然資源を対象とするコモンズ研究の成立と展開を概観した。研究のなかで「コモンズ」という語には資源としての側面と制度としての側面の双方が含まれていることが認識されるようになり，資源と制度それぞれについて類型化が進められていく。このとき，資源としてのコモンズはコモンプール資源に，制度としてのコモンズは共的所有制に相当する。オストロムらは特に共的所有制によりコモンプール資源を管理している事例に着目した研究をおこな

い，「設計原理」を特定するにいたる。

　こうした功績によって，オストロムは2009年にノーベル経済学賞を受賞している。同時受賞者のウィリアムソン（Williamson, O. E.）は，オストロムの功績はコモンズ研究にとどまらず比較制度分析（comparative institutional analysis）の発展に寄与した点にあると評したという（Madison et al., 2016）。設計原理の特定に際してオストロムが採用した，フレームワークにもとづく既存のケーススタディの比較分析という帰納的かつ実証的な手法は，4章および5章で論じるIADアプローチ以降の知識コモンズ研究にも多大な影響を与えることになる。

注
1)　ただし，Hardin（1968）以前からコモンズに関する研究はおこなわれていた。ハーディン自身が言及しているように，「コモンズの悲劇」の着想は1833年のロイド（Lloyd, W. F.）による研究（Lloyd, 1833）に由来している。また，ハーディンに先んじてミクロ経済学的な観点から資源管理の問題を分析した研究として，Gordon（1954）やScott（1955）があげられる。Hardin（1968）以前のコモンズ研究の動向の詳細については，Dietz et al.（2002）を参照されたい。

2)　IASCPは2006年にInternational Association for the Study of the Commons（IASC）へと改称される。また翌2007年にはコモンズ研究の中核的ジャーナルであるInternational Journal of the Commons（IJC）の刊行が始まる。

3)　正確には，Ostrom & Ostrom（1977）では「控除性」ではなく「利用または消費の共同性（jointness of use or consumption）」という語が用いられていたが，その後「控除性」へと統一されていく（Hess & Ostrom, 2007）。また，「控除性」の同義語である「競合性（rivalry）」が用いられることも多い（Feeny et al., 1990）。

4)　"Common-pool resources"は，「共用資源」（井上, 2004）や「共同利用資源」（山田, 2010），「共的資源」（Ostrom, 1990 原田ほか訳 2022）と訳されることもあるが，本書では他の用語との区別を明確にするために「コモンプール資源」と表記することにした。

5)　各制度は研究者によって異なるよび方をされる場合もあり，それにともない訳し方にも差異がみられる。たとえば"common property regime"は"communal property"ともよばれ，「共有レジーム」（National Research Council Committee on the Human Dimensions of Global Change et al.

(Eds.), 2002 茂木ほか訳 2012）や「共同体所有制」（菅, 2008）といった訳が当てられることもある。本書では，室田ほか（2003）にならい「共的所有制」と表記することにした。

6)　なお，現在の自然資源を対象とするコモンズ研究では，IAD をもとにして「SES フレームワーク（Social-Ecological System Framework, 以下SES)」というフレームワークが新たに構築・運用されているが，本書では知識コモンズ研究と関係の深い IAD に焦点を当てることとして，SES について掘り下げることはしない。SES の詳細についてはたとえば McGinnis & Ostrom（2014）を参照されたい。

3章　知識コモンズ研究の黎明期

本章では知識コモンズ研究の黎明期である，1990年代から2000年代中頃にかけての研究動向について論じる。1990年代頃より，2章でみた自然資源を対象とするコモンズ研究の枠にはおさまらない新たなコモンズ研究が台頭するようになる。知識コモンズ研究はこうした新しい種類のコモンズ研究のなかの一領域として，主に知的財産権法学を専門とする研究者らによって切り開かれていった。

3.1では，新しい種類のコモンズ研究の台頭の様子を概観し，その中での知識コモンズ研究の位置づけを確認する。3.2では，黎明期の知識コモンズ研究の理論的な特徴やその展開の様子を論じる。3.3では，黎明期の知識コモンズ研究において提起された多様な概念のうち，特に広く知られているものについて説明をおこなう。最後に3.4において，知識コモンズ研究の黎明期の小括をおこなう。

3.1　ニューコモンズ研究

3.1.1　伝統的コモンズとニューコモンズ

コモンズ研究の動向を概観するために，学術雑誌に掲載されたコモンズに関連する論文をウェブ上で網羅的に検索し，そうした論文の特徴を定量的に分析する研究が行われている（Laerhoven & Ostrom, 2007; Laerhoven et al., 2020）[1]。これらの研究によると，1980年代以降，コモンズ研究の論文の数は指数関数的に増加している。各論文をトピック別にみると，漁業（fishery），林業（forestry），灌漑（irrigation），水資源管理（water management），畜産（animal husbandry）という 5 種類のトピックに関する研究が特に多くおこなわれている。これらはビッグ 5（big five）とよばれ，現在にいたるまでコモンズ研究の中心的な研究対象である。ビッグ 5 のような自然資源を対象とするコモンズ研究は，「伝統的コモンズ（traditional commons）」研究ともよばれる（Hess, 2008）。

　他方で，1990 年代頃より，伝統的コモンズ研究の枠組みにはおさまらない，自然資源とは異なる種類の資源を「コモンズ」ととらえる研究もみられるようになる（Laerhoven & Ostrom, 2007）。こうした新しい種類のコモンズ研究では，生物多様性や気候変動といったグローバルな資源や，デジタル化された情報，知的財産権といった自然資源とはまったく異なる性質のトピックがあつかわれていた。ヘス（Hess, C.）は，「伝統的コモンズ」にたいして，こうした新しい種類のコモンズ研究を文字通りに「ニューコモンズ（new commons）」と名づけている（Hess, 2008）。2005 年に実施された調査ではニューコモンズ研究に該当する論文数は比較的少数にとどまっていたが（Laerhoven & Ostrom, 2007），2019 年時点ではコモンズ研究全体のうちニューコモンズ研究の割合は 3 割から 4 割程度へと拡大しており（Laerhoven et al., 2020），その数は現在でも増加していることが予想される。

3.1.2　ニューコモンズの種類

　ヘスは，ニューコモンズの動向を調べるためにレビューをおこない，一連の研究が対象とする資源の種類に応じてニューコモンズ研究の分類を試みている（Hess, 2008）。図 3.1 に示すように，分類の結果としてニューコモンズ研究は 7 種類に大別されており，「知識コモンズ」はその中の一つとして位置づけられている。

　ヘスによると，「知識コモンズ」に相当するのは，知的財産権やパブリックドメイン，図書館，論文や研究データ等の科学的活動の成果物，オープンソースソフトウェア等を対象とする研究である。「コモンズとしての市場」には，贈与経済（gift economy）や資本主義社会におけるコモンズの役割に関する研究が含まれる。「グローバル・コモンズ」は大気や海洋といった特定の地域に限定されない資源を対象とする[2]。「インフラストラクチャー・コモンズ」は，高速道路や情報通信ネットワーク，上下水道など，一般にインフラとよばれる

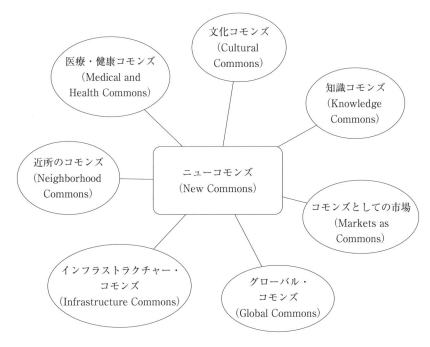

図 3.1　ニューコモンズの分類
(Hess (2008, p. 13, Fig. 1) をもとに筆者訳・作成)

ものをコモンズとしてとらえる研究を指す。「近所のコモンズ」は，広場や公園，コミュニティガーデンなど公共空間を対象とする研究の総称である。「医療・健康コモンズ」には，医療従事者や予算等のリソースをコモンズとしてとらえる研究や，伝統医療における植物等の医薬品を対象とする研究が含まれる。最後に，「文化コモンズ」は，ファッション業界や音楽業界における慣習，先住民族の文化，観光資源等に関する研究を指す。

3.1.3　ニューコモンズと知識コモンズ

　ヘスによるニューコモンズの分類は，新たなコモンズ研究の動向に見通しを与えるものであったが，留意すべき点も存在する。まず，ヘスは必ずしも学術的な研究成果だけではなく，「コモンズ」を標語とした実践活動をも議論の対象に含めている。また，ニューコモンズの「コモンズ」と伝統的コモンズ研究

の用語である「コモンズ」の間には関係性がないことも多い。2章でみたように，伝統的コモンズ研究における「コモンズ」は，（狭義には）コモンプール資源と共的所有制の双方を意味する用語であった。これに対してニューコモンズ研究の場合は，そもそも定義を示さずに「コモンズ」という語が用いられることも多く，コモンプール資源と共的所有制の区別に関する伝統的コモンズ研究の議論が言及されることも稀である（Hess, 2008）。したがって，ニューコモンズ研究における「コモンズ」は，厳密に定義がなされた学術的な概念というよりも，共有される資源を意味する一般的な語であると考えられる。

　このことから，ニューコモンズの分類は，「コモンズ」という語が一種のバズワードとして広まっていった様子を捕捉したものに過ぎないともいえる。しかし，少なくとも知識コモンズ研究は「コモンズ」をはじめとする主要な概念の定義の確立や独自の研究方法の開発を進めて，伝統的コモンズ研究から分化した独自の研究領域を形成していくことになる。その過程で，「知識コモンズ」と「文化コモンズ」は統合されるほか（Hess, 2012），「医療・健康コモンズ」や「インフラストラクチャー・コモンズ」に含まれるような事例も知識コモンズ研究の文脈で扱われるようになっていく。こうした発展の様子については次章以降で詳しくみていくこととして，本章の残りの部分では，Hess（2008）において捕捉されていた知識コモンズ研究の黎明期がどのようなものであったのかをみていく。

3.2　オープンコモンズとしての知識コモンズ研究

3.2.1　黎明期の知識コモンズ研究の動向
(1)　研究の背景
　知識—差し当たりここでは，人間の知的活動によって生み出された広い意味での創作物を意味することとする—をコモンズとしてとらえる研究は，1990年代よりみられるようになる。1990年代というのは，インターネットの普及を受けて，アメリカが主導する形で世界的に知識に対する知的財産権法による保護が強められていった時期でもあった。たとえば，1994から翌95年にかけて策定・発効された「TRIPs協定（知的所有権の貿易関連の側面に関する協定）」

や1996年に採択された「WIPO著作権条約」といった国際条約において、特許権や著作権に関する保護を強めることに関して国際的な合意がなされ、これを受けてアメリカ国内では1998年に「デジタル・ミレニアム著作権法（Digital Millennium Copyright Act)」や「ソニー・ボノ法（Sonny Bono Copyright Term Extension Act)」という著作権改正法が成立している。こうした動向を批判的にとらえていた法学者たちが黎明期の知識コモンズ研究の担い手となっていった。

　知識をコモンズとしてとらえるようになった背景には、知識を管理するにあたって知的財産権法による保護とパブリックドメインの保持のいずれを重視するべきかという、200年以上にわたってなされてきた議論がある（Boyle, 2008; 白田, 1998; 山田, 2007)[3]。パブリックドメイン（public domain）というのは、知識について、知的財産権が生じていないかもしくは権利による保護期間が過ぎていることにより、誰もが自由に利用できる状態のことを指す。

　知的財産権法による保護を重視する立場の論理は次のようなものである。知識は控除性・排除性が低く複製にかかるコストも安価であるため、何らかの法的保護がなければ違法コピーなどの海賊行為が横行することになる。すると、オリジナルの知識の創作者に対価を払うものがいなくなり、創作者は創作にかかるコストを回収することができなくなるため、創作をおこなうインセンティブがなくなる。このことは結果的に新たな知識が生み出される機会の減少につながり、社会全体の利益にとって望ましいことではないため、知的財産権による知識の保護は社会的利益の増大という点から正当化されるという。

　一方でパブリックドメインの保持を重視する立場は次のようになる。一般的に、新たな知識を創作するには、すでに存在する別の知識が何らかの方法で参照される。たとえば、絵画や小説を創作するには先人の作品から技法やモチーフを学び、論文の執筆は先行研究の知見を調査したうえでおこなわれる。このように考えると、知識は創作行為の結果として生み出される成果物（アウトプット）であるだけでなく、新たな知識を創作するために必要な要素（インプット）でもある。このインプットという性質に着目すると、知的財産権による保護が強まると先行の知識を利用するコストが高まるため、結果的に新たな知識を生み出すことが阻害される場合も生じてくる。そのため、知的財産権の保護

の拡大・強化は必ずしも社会の利益に資するものではなく，パブリックドメインとして自由に利用できる知識が存在することが重要であるとされる。

　知的財産権に関するこうした緊張関係は，18世紀のイギリスにおいて近代的な著作権法が成立した当初から存在するという（白田, 1998; 山田, 2007）[4]。知識コモンズ研究は以上のうちパブリックドメインを重視する立場の研究者らにより展開されていくこととなる。

(2) コモンズとパブリックドメイン

　最初期に知識と「コモンズ」を結びつけたのは，アメリカの代表的な知的財産権法学者の一人であるリットマン（Litman, J.）であった。リットマンは，著作権法の法理におけるパブリックドメインの役割について研究をおこなっていた。Litman（1990）によると，著作権法では創作性（originality）の有無を判断の基準として何を保護の対象とするかが決められるが，創作物には本質的に先行の創作物の要素が反映されることから，創作性の基準を厳密に適用しようとすると，ほとんどすべての創作物の利用が著作権保持者により差し止められるような状況に陥ってしまう。

　しかし，現実にはパブリックドメインという人々が自由に先行の創作物を利用できるようにするシステムが組み込まれているため，著作権法は機能不全になることなく成立している。このとき，パブリックドメインは私的所有にはそぐわない知的財産から構成される「コモンズ」であり，コモンズ＝パブリックドメインに含まれるコンテンツは公衆（public）のいかなる構成員によっても利用されうるという（Litman, 1990）。つまり，リットマンはコモンズとパブリックドメインを同義の概念として用いており，著作権法におけるパブリックドメインの重要性を主張していた。

　1993年に世界各国の法学，文化人類学，環境学，コンピュータサイエンスといった学際的な専門家により起草された「ベラジオ宣言（Bellagio Declaration）」[5] においても，「コモンズ」はパブリックドメインと同義の概念として用いられている。ベラジオ宣言は当時の国際的な知的財産権法システムの問題点と改善の必要性を主張することを趣旨としており，たとえば民族音楽や先住民による伝統的な医療知識などは明確な著者が存在しないために著作権や特許

権による保護の対象外となっていること，データベースやプログラムなど新しい種類の著作物に対応するための系統的な再検討が必要であること，既存の法システムはパブリックドメインの重要性を軽視しがちであり知的財産権の強化によりコモンズ＝パブリックドメインが囲い込まれていることなどが示されている。

また，ベラジオ宣言の起草者の一人であるボイル（Boyle, J）は，同宣言で示された課題をさらに追求し，歴史的にイングランドにおいて実施された共有地（common land）の「囲い込み（enclosure）」を比喩として用いることで，現代ではさまざまな局面においてコモンズが知的財産権により囲い込まれている―つまり，私有財として扱われるようになっている―ことを指摘している（Boyle, 1996）。ベラジオ宣言やボイルの著作において端的にあらわれている，知的財産権法によるコモンズ＝パブリックドメインの囲い込みという問題意識は，黎明期の知識コモンズ研究の特徴である[6]。

この後も，先に述べた TRIPs 協定などの知的財産権に関する国際条約やそれにともなう各国の著作権法の改正を受けて，コモンズの重要性やその囲い込みへの危機感に関する著作が多数発表されていく（e.g. Bollier, 2003; Boyle, 2008; McLeod, 2001）。

3.2.2 黎明期の知識コモンズ研究の理論的背景

(1) コモンズの喜劇

以上でみてきた黎明期の知識コモンズ研究には，伝統的コモンズ研究にとっての "The Tragedy of the Commons"（Hardin, 1968）のように，理論的な出発点となった論文が存在する。法学者ローズ（Rose, C.）によるこの論文は "The Comedy of the Commons"（Rose, 1986）といい，そこでは「コモンズの悲劇」と対照的な，「コモンズの喜劇」という資源管理のシナリオが提起されている。

ローズは，イギリスやアメリカの慣習法のなかには私的所有や公的所有とは異なる方法で資源を管理する仕組みが歴史的に存在してきたことを明らかにしている（Rose, 1986）。この研究において対象となるのは，道路や水路，公共の広場といった資源である。ローズによると，これらの資源は誰かによって私的に所有されているのでなく，また政府機関がコントロールを行なっているので

もなく，社会全体によって管理されているという。このとき，これらの資源については特定の個人や組織によるコントロールを制限する権利が設けられており，この権利によって誰もが資源を利用することができるようになっている。

ローズは，こうした権利のもとにある資源を「本来的な公有財産（inherently public property）」とよび，政府機関が集権的に管理をおこなう―つまり公的所有のもとにある―資源である公有財産（public property）と区別している。また，本来的な公有財産は特定のコミュニティの構成員だけでなく，不特定多数の「よそもの」にも開かれているという点で，共的所有制のもとにあるコモンプール資源とも異なる。ローズのいう「コモンズ」とは，こうした本来的な公有財産のことを指す。

「コモンズの悲劇」では，誰もが利用できるがゆえにその資源が過剰に利用されついには崩壊してしまうという状況が描かれていた。これと対照的に「コモンズの喜劇」では，より多くの人が利用することでその資源の有用性がより高まり，結果的に社会全体が利益を得るという状況が示される。たとえば，ローズが念頭に置いていた道路や水路等は商業活動の基盤となるものであるため，それをより多くの人が利用できるようにしておくことで商業活動が活発化し，結果的に社会全体に利益がもたらされることになる。

こうしたローズの議論は，当時提唱されつつあったネットワーク効果（network effect）に関する理論を背景としている。ネットワーク効果とは，ある資源やサービスから利用者が得る価値が，その資源やサービスの利用者全体の数に依存する現象を意味する。電話網を例とすると，電話網の利用者が一人しかいない場合は電話をかける相手がいないためその利用者が電話網から得られる便益は無に等しいが，多くの利用者が電話網を利用することになると多くの相手に電話をかけることができるようになり，電話網の価値が高まることになる。

1980年代後半から1990年代にかけて，ネットワーク効果に関する研究はインターネットに比重を置くようになっていく（Benkler, 2013）。3.2.1でみた黎明期の知識コモンズ研究というのは，こうした研究動向と並行する形で，道路等の物理的な実体をもつ資源を対象としていたローズの議論を，特にオンラインでやり取りされる知識を対象に拡張していったものであるととらえることができる。実際に，知識コモンズ研究の嚆矢ともいえるLitman（1990）では，

Rose（1986）を引用しつつパブリックドメインを「真のコモンズ（a true commons）」であると述べている（Litman, 1990, p. 975）。

(2) オープンコモンズ

ベンクラー（Benkler, Y.）は，Rose（1986）をルーツとするコモンズ研究のことを伝統的コモンズ研究と区別して，「オープンコモンズ（open commons）」とよんでいる（Benkler, 2013）。黎明期の知識コモンズ研究はオープンコモンズ研究の代表例である。このとき，オープンコモンズ研究と伝統的コモンズ研究を分ける特徴は次のように整理される。

まず，伝統的コモンズ研究では，資源を誰もが利用できる（つまりオープンな）状態にしておくことはその資源の維持という観点から望ましいことではないととらえている。このことは，コモンズの悲劇だけではなく，その反証であるオストロムらの研究でも基本的に同様である。一方でオープンコモンズ研究の場合は，オープンな状態にある資源のポジティブな効果に注目している。知的財産権による知識の「囲い込み」に対してパブリックドメインの重要性を訴えるボイルらの研究はその典型である。

また，伝統的コモンズ研究において資源がオープンであるとは，その資源がいかなる制度によっても管理がなされていない「オープンアクセス」の状態にあることを意味した。これに対してローズのいうコモンズ＝本来的な公有財産の場合は，権利によって資源のオープンな状態が保持されている。つまりオープンコモンズ研究は，オープンを管理されていない資源の初期状態ではなく，何らかの制度的措置の結果として実現されるものとみなすところに特徴がある。

3.2.3　レッシグによる知識コモンズ研究
(1) コモンズとフリー

2001年には，アメリカの法学者レッシグ（Lessig, L.）により，オープンコモンズとしての知識コモンズ研究の10余年の展開の総括とでもいうべき著作である *The Future of Ideas: The Fate of the Commons in a Connected World*（Lessig, 2001）が発表される[7]。本章でこれまで取り上げてきた知識コモンズ研究の研究者たちもそうであったが，レッシグはすべての（知識）資源を自由

に利用できるようにするべきと主張するのではなく，資源を自由に利用できるようにすることと所有や規制等を介してコントロールできるようにすることの間で適切なバランスを取ることが，社会全体にとって最も望ましいという立場にたつ。そのうえで，当時のアメリカではインターネットに対するコントロールが過度に強まりつつあるとして，自由に利用できる状態―すなわち「コモンズ」―を保持することの重要性を論じている。

　レッシグの研究は，インターネットという資源が誰にとっても自由に利用できる（つまりオープンな）状態にあることのポジティブな側面に着目し，かつオープンな状態を保持するためには議会による規制等の制度的な措置が必要であるととらえているという点で，コモンズの喜劇の系譜に連なるオープンコモンズ研究であるといえる。実際に，Lessig（2001）ではローズやリットマン，ボイルらの著作がしばしば引用されている。一方でレッシグの主張の射程は，それまでの知識コモンズ研究を包含しつつも，より広いものとなっている。

　従来の知識コモンズ研究とLessig（2001）の具体的な違いは以下の点にある。まず，レッシグはコモンズを「フリー（free）」と同義の概念として用いている。ここでいうフリーとは，ある資源について，誰かの許可を得ることなく利用できるか，もしくは利用のために必要となる許可が中立的に与えられる状態を意味する。この定義を踏まえると，レッシグのいうコモンズ＝フリーには，従来の知識コモンズ研究が対象としてきたパブリックドメインにある知識だけでなく，知的財産権の保護下にある知識も含まれうることになる。

　また，レッシグはインターネットを物理層（physical layer）とコード層（code layer），コンテンツ層（content layer）の3層に区分したうえで，各層においてそれぞれコモンズが囲い込まれつつあることを論じている。物理層というのは，個々のコンピュータや，コンピュータ同士をつなぐケーブルなど，通信の媒介となる物理的な要素群のことである。コード層（論理層（logical layer）ともよばれる）とは，インターネットを支える各種プロトコルを含む，ハードウェアを動かすコードのことを意味する。コンテンツ層とはインターネットを介してやり取りされる内容のことであり，テキストや画像，動画等が含まれる。従来の知識コモンズ研究は主にコンテンツ層に焦点を当てていたが，各層のあり方は相互に依存していることから，そのすべてを議論の対象に含める

Lessig（2001）はより包括的なものであるといえる。

　レッシグは各層が直面している問題を指摘するだけにとどまらず，コモンズ＝フリーを保持するための方策を提言することも試みている。提言の内容は多岐にわたり，著作権の保護を5年ごとの期間更新制にすることから，政府による光ファイバーの敷設，オープンソースソフトウェア開発の奨励等が含まれる。さらに提言のみならず，レッシグは自ら，著作権の権利保持者たちが自身の著作物を任意でコモンズとすることを可能とするツールを開発していくこととなる。

(2) クリエイティブ・コモンズ・ライセンス

　レッシグは，知識の共有や共有された知識を用いた新たな知識の創作を促すことを目的として，2001年にクリエイティブ・コモンズ（Creative Commons）というNPOを設立している。そして，設立の翌年である2002年には，クリエイティブ・コモンズ・ライセンス（以下，CCライセンス）という，主にコンテンツ層で流通する文章や画像，音楽，動画といったさまざまな作品の作者が自身の作品を誰もが自由に利用できる形で公開できるようにするためのライセンスを開発・提供するに至る。

　CCライセンスは，作者が自身の作品に対して任意で付与するものである。CCライセンスには，それを満たせばその作品を自由に利用してもよいという，作品の利用に関する一定の条件が記載されている。そのため，著作権の保護下にある作品を多くの人に自由に利用してほしいと考える作者にとっては，利用希望者に対していちいち個別に利用許諾を与えることなく，自身が希望する利用条件の範囲内で作品を公開することができるという利点がある。このことは同時に利用者にとっても，許諾を得るというコストをかけることなく著作権の保護期間内にある作品を利用できるようになるという利点をもたらす。またCCライセンスは，著作権法を改正することなく現行の法律のもとで，著作権による保護とパブリックドメインの間に作品を一定の条件内で自由に利用できるという中間領域を作り出すものであり，レッシグを含めオープンコモンズとしての知識コモンズ研究の研究者たちが危惧していた知的財産権による知識の囲い込みに対する実践的な対抗手段であるともいえる。

表示（BY）　　　　　非営利（NC）

改変禁止（ND）　　　　継承（SA）

図 3.2　CC ライセンスの 4 条件
（各条件の画像については https://creativecommons.jp/licenses/ より引用したうえで
筆者作成）

　CC ライセンスでは，図 3.2 に示す 4 種類を利用条件として設定することができる。表示（BY）とは，作品を再配布したり上演したりする際に，作者のクレジット（氏名や作品のタイトル等）を表示することを義務づける条件である。非営利（NC）とは，作品の営利目的での利用を禁止する条件である。改変禁止（ND）とは，作品を改変することを禁止する条件である。継承（SA）とは，作品を改変することで新たな作品をつくった場合に，その新たな作品ももとの作品と同じライセンスで公開することを義務づける条件である。

　実際には，この 4 条件の組み合わせからなる 6 種類の基本ライセンスが用意されており，CC ライセンスの付与を希望する作者はこれらの基本ライセンスのなかから自身が設定したい利用条件に合うものを選択することになる（図 3.3）。各ライセンスのうち，表示のみを利用条件とする表示（CC BY）ライセンスがもっともパブリックドメインに近く（図 3.3 左上），右に進むにつれて制約が強まり，図 3.3 右下に位置する表示 – 非営利 – 改変禁止（CC BY-NC-ND）ライセンスが最も強い制約を課すライセンスとなる。また，基本ライセンスのほかにも，著作権を放棄して当該の作品をパブリックドメインとするときに使

表示	表示−非営利	表示−継承
（CC BY）	（CC BY–NC）	（CC BY–SA）

表示−非営利−継承	表示−改変禁止	表示−非営利−改変禁止
（CC BY–NC–SA）	（CC BY–ND）	（CC BY–NC–ND）

図 3.3　基本ライセンス

（各ライセンスの画像については https://creativecommons.jp/licenses/ より引用した
うえで筆者作成）

用する CC0 や，すでに著作権が失効している作品に対して，その作品がパブリックドメインであることを明示する際に付与するパブリック・ドメイン・マークというツールも存在する。

　2002 年の提供開始以降 CC ライセンスが付与された作品数は増加し続けており，その数は 2023 年現在で 20 億ともいわれる[8]。CC ライセンスはさまざまなサービスにおいても採用されており，たとえば YouTube や SoundCloud といったコンテンツの投稿・共有プラットフォームでは，投稿時に設定をおこなうことで簡単に CC ライセンスを付与することができるようになっている。また，ウィキペディアをはじめとして，コンテンツの公開を前提とするプロジェクトのなかには，提供するコンテンツにデフォルトで CC ライセンスを付与する事例もある。このように，オープンコモンズとしての知識コモンズ研究の知見は CC ライセンスという形で実を結ぶこととなり，現在においても社会に大きな影響を与えているということができる。

3.3　多様化する視点

　以上でみてきたように，黎明期の知識コモンズ研究の主流はオープンコモンズに位置するものであった。他方で，知的財産権法により囲い込まれる種子と

農家との関係を扱った Aoki（1998）や，先住民族が共的所有制により管理してきた文化的資産が先進諸国の製薬会社により搾取・私有財産化されていることを明らかにした Coombe（1998）のように，伝統的コモンズ研究と近い意味で「コモンズ」を用いている研究もおこなわれていたことは注目に値する。さらにこの時期には，一連のニューコモンズやオープンコモンズとはまた異なる，「コモンズ」の亜種というべき概念がいくつか提唱されており，その中には今日に至るまで影響力を持っているものも存在する。

　本節では，こうした「コモンズ」の亜種のうち，特に著名なものを概説する。具体的には，ベンクラーによる「コモンズ・ベースド・ピア・プロダクション」，ヘラー（Heller, M.）による「アンチコモンズ」，スミス（Smith, H.）による「セミコモンズ」（Smith, 2000）をとりあげる。

3.3.1　コモンズ・ベースド・ピア・プロダクション

　コモンズ・ベースド・ピア・プロダクション（commons-based production, 以下 CBPP）は，インターネットを介して多くの人々が協働することで財やサービスを生み出す生産様式のことを意味し，企業や政府による集権的な生産活動とは異なる新たな生産活動の方法として注目を集めた概念である。企業等がおこなう一般的な生産活動では，契約や命令等の手段によって従業員に協働をうながし，その結果生み出された財の所有権は当該の企業に帰属することになる。これに対して CBPP では，生産活動を管理する集権的な組織や個人は存在せず，生み出された財を特定の誰かが独占的に利用することもない（Benkler, 2004）。また，CBPP の参加者は誰かによる強制ではなく自発的に参加することを決めており，多くの場合，金銭的な見返りがなくとも協働が成立している（Benkler, 2004）。

　CBPP の代表的な事例は，オープンソースソフトウェアやウィキペディアである（Benkler, 2002; 2006; Benkler & Nissenbaum, 2006）。オープンソースソフトウェアの場合，その開発者にはボランティアが多く含まれており，彼らは余暇の時間に当該のソフトウェアの開発をおこなっている。プロジェクトによっては企業が開発者に対して報酬を支払う場合もあるが，いずれにせよ，開発されたソフトウェアに対して単一の主体が財産権を主張することはなく，当該のソ

フトウェアは GNU General Public License（GPL）[9] などのライセンスのもとで公開される。また，開発に際しては特定の開発者がリーダーシップをとることもあるが，リーダーであっても他の参加者に行動を強制したり禁止したりする権限をもっているわけではない。

　同様にウィキペディアの場合も，記事の作成や編集はすべてボランティアによっておこなわれており，ウィキペディア全体をコントロールする権限をもった単一の主体は存在しない。ウィキペディアン（Wikipedian）とよばれるボランティアが金銭的な報酬を受けることはなく，記事を作成する楽しみや，ウィキペディアンたちが構成するコミュニティへの帰属意識等がウィキペディアに貢献するモチベーションとなっている。また，ウィキペディアでは記事の質を維持するための独自の仕組みが構築されており，記事の執筆や編集は一定のルールにもとづいておこなわれる。こうしたルールには，記事のスタイルについてのマニュアルのように具体的な作業のやり方を規定するものもあれば，コミュニティの理念を謳った規範的なものもある。ルールを新たに作成したり変更したりする際には，コミュニティ内での投票がおこなわれる。

　コモンズ研究と CBPP の関係をみると，CBPP の提唱者であるベンクラーは，オストロムの著作をはじめとする伝統的コモンズ研究の知見も踏まえたうえで CBPP を導出している（Benkler, 2002）。他方で，CBPP は財（資源）の生産様式を説明する概念であるという点で，既存の資源の管理制度に着目する伝統的コモンズ研究とは視点や関心が異なる。

3.3.2　アンチコモンズ

　ヘラーは，「コモンズの悲劇」の対となる資源管理の問題として，「アンチコモンズの悲劇（The Tragedy of the Anticommons）」とよばれる状況が存在することを提起している（Heller, 1998）。2.1.1 でみたように，「コモンズの悲劇」は人々による共有資源の過剰利用のメカニズムを示しており，その対策の一つとして，当該の資源に財産権を認める私有化という方法が提案された（Hardin, 1968）。換言すると，コモンズの悲劇とはオープンアクセスのもとにある資源の過剰利用に関するシナリオであった。一方で「アンチコモンズの悲劇」は，ある資源について複数人が所有権をもっているために，互いが互いに当該の資

源の効率的な利用を妨げることになり，結果的に当該の資源は利用されなくなるという，資源の過少利用のメカニズムを説明している。つまり，アンチコモンズの悲劇は，私的所有制のもとでの資源の過少利用のメカニズムを説明するシナリオである。

アンチコモンズの悲劇の原型は，ソ連崩壊後のモスクワを舞台とする（Heller, 1998）。社会主義体制下では市場統制の結果として小売店に十分な数の商品が供給されない場合が多くみられたが，ソ連崩壊にともない市場経済への移行が進むことで新興の起業家が店舗を購入して経営を担うようになるため，この問題は次第に解決に向かうことが予想されていた。しかし実際には，市場経済への移行が始まってから数年が経過しても店舗の商品棚は空のままであったのに対して，露店販売のキオスクでは豊富な商品が販売されるようになった。ヘラーによるとこのギャップの原因に説明を与えるのが，アンチコモンズという概念であるという。

小売店の場合，当該の店舗に関する権利は一人の経営者だけではなく労働者団体や政府機関等にも分散して保有されており，権利を保有する誰もが他者のコントロールを受けることなく対象を自由に利用できるほど強い権利はもっていない一方で，互いに他者の利用を妨げることは可能な状況にあった。店舗を機能させるには分散した権利を一つに束ねる必要があるが，それには多大なコストがかかる。結果として，誰も効率的に権利を行使することができず，当該の店舗は機能不全に陥ったままである一方で，権利関係が単純なキオスクでは商品が活発に流通することになる。つまり，アンチコモンズとはある資源に対して多くのものが権利を有している状態を意味し，アンチコモンズは結果的に資源の過少利用という悲劇をもたらすのである。

さらに，ヘラーはアイゼンバーグ（Eisenberg, R. S.）と共著で，生物医学分野の研究成果の特許化を進めていた当時のアメリカの政策はアンチコモンズの悲劇を同分野にもたらしかねないことを論じている（Heller & Eisenberg, 1998）。かつて，生物医学分野の研究の主な出資者は政府であり，その研究成果はパブリックドメインとして自由に流通できるようにすることが勧められていた。しかし1980年代より，アメリカでは大学等の研究機関が研究成果に対して特許を取得することが推奨されるようになる。また，同時期には民間企業の出資に

よる研究も盛んに行われるようにもなっていた。その結果として，個々の遺伝子断片や研究上のツール等について多様な出願者が分散的に特許を取得するようになる。他方で，遺伝子情報に関する新規技術・製品を開発するような応用的な研究をおこなうには，多数の遺伝子断片をまとめて利用することが必要となる。こうした状況はアンチコモンズの悲劇が生じる素地となる。

Heller & Eisenberg（1998）によると，生物医学分野におけるアンチコモンズの悲劇は，以下の要因により発生しやすくまた解消が困難であるという。一つ目の要因は，分散して取得されている特許権を束ねるのに多大なコストを要することである。二つ目は，同分野の特許保持者は公的研究機関や大学，大手製薬企業，スタートアップ企業など多岐にわたり，その利害関係が複雑化していることである。三つ目の要因として，各特許保持者たちは自身の特許の価値を過大評価する一方で，他者の特許の価値は過少に評価するというバイアスが存在することが挙げられている。

その後，アンチコモンズの悲劇は生物医学分野以外にも電子機器の技術標準や著作権ビジネスといった領域において生じていることが指摘されるようになる（名和, 2006）。コモンズ研究との関係をみると，アンチコモンズは知的財産権による知識の囲い込みの弊害に警鐘を鳴らす際の論拠となるという点で，レッシグなどオープンコモンズに位置する研究者と問題意識を共有しているといえる。しかし，アンチコモンズの悲劇への対応策としてヘラーが主に想定するのは，コモンズ（あるいはパブリックドメイン）の保持ではなく，権利の適切な（再）配分であるという点で，伝統的コモンズ研究やオープンコモンズ研究とアンチコモンズに関する研究は異なる。

3.3.3 セミコモンズ

「セミコモンズ（semicommons）」とは，ある資源を私的所有制と共的所有制を組み合わせた方法で管理することを指す。スミスは，中世から初期近代にかけてイングランドで見られた開放耕地（open field）を例としてセミコモンズを説明している（Smith, 2000）。

ある耕地について，農夫たちはそれぞれその一部を自分の土地として所有しており，穀物の栽培をおこなっている。一方で，穀物の収穫が終わり休耕期に

入ると，その耕地全体に（コミュニティに所属している）誰もが自由に家畜を放牧することができるようになる。このとき，個々の土地の所有者にとっては，放牧によって自分の土地が踏み荒らされるというコストが生じることになるが，放牧された動物が排泄することで肥料を得ることができるというメリットもある。そして，土地の所有者と動物を放牧するものたちの行動をうまく調整することができれば，このメリットはコストを上回ることになる。

　このように，穀物の栽培という比較的小規模な土地の利用については私的所有制により管理し，放牧という大規模な土地の利用については共的所有制を適用することで，どちらか一つの制度のみで管理するときよりも効率的にその資源を利用することができる，もしくはそうした制度の形態が存在しうるということを示したのがセミコモンズである。セミコモンズは自然資源を対象に提起された概念であるが，次第に多様な種類の資源にも適用されていくようになる。提案者であるスミス自身は，1996 年に電気通信法が成立して以降のアメリカの電気通信市場のあり方をセミコモンズとしてとらえ，その課題点について分析を試みている（Smith, 2005）。さらに，インターネットや知的財産権をセミコモンズとして位置づける研究もおこなわれている（Grimmelmann, 2009; Heverly, 2003; Smith, 2007）。

　以上の応用例のうち，知的財産権に関するセミコモンズ研究（Heverly, 2003; Smith, 2007）は，知的財産権法のあり方を再考するという点で，オープンコモンズとしての知識コモンズ研究と関心を共有している。しかし，3.2 でみてきたように，後者は知識資源が「コモンズ」であることを重要視するのに対して，セミコモンズ研究では，知的財産権法のもと知識資源を私有財産としてあつかう場合とコモンズとしてあつかう場合との線引の仕方に焦点が当てられている。

　Benkler（2013）によると，知的財産権をセミコモンズととらえることは，より適切な問題設定のもとで知識資源の管理方法を考えるための助けとなるという。つまり，セミコモンズという枠組みを用いることで，知識資源を管理するのに望ましいのは私有化かパブリックドメインかという二項対立的な考え方ではなく，知識資源を私有化する場合とコモンズとしてあつかう場合の線引きをどうするか[10]，もしくは何をセミコモンズとして扱い何を単にコモンズとしてあつかうべきか[11]といった問題を，利害関係者の行動を踏まえつつ詳細

に議論することができるようになるとされる。

　こうしたセミコモンズの有用性は今日でも認識されており，たとえばデータガバナンスをセミコモンズとしてとらえて制度設計をおこなうべきであるといった議論がなされている（Gurumurthy & Chami, 2022）。

3.4　小括

　知識コモンズ研究の黎明期には多様な研究成果が生み出された。特に，レッシグにおいて集大成されたオープンコモンズとしての知識コモンズ研究は，CC ライセンスという形で社会に多大な影響を及ぼすこととなった。

　他方で，この時期の研究の多くは「コモンズ」という語を用いつつも，伝統的コモンズ研究の知見を踏襲するものではなかった（Hess & Ostrom, 2003; 菅, 2010）。黎明期の知識コモンズ研究は，「コモンズ」を保持すべき対象としてとらえたうえで，その価値や保持するための方策を論じることを目的とするという，規範的な研究が基本であったといえる。したがって，伝統的コモンズ研究のように，研究者間で研究方法や概念を共有しつつ実証的な研究を進めることで設計原理のような一般化可能な知見を導くというアプローチはとられてこなかった。

　しかし 2000 年以降になると，伝統的コモンズ研究の主導的な研究者であったオストロムが，自身が確立してきた系統的な研究方法と知識コモンズ研究を結びつけることで，知識コモンズ研究を実証的に進める道を模索するようになる。4 章では，こうした新たな知識コモンズ研究の動向を見ていくこととする。

注
1)　論文の書誌情報を得るために，Laerhoven & Ostrom（2007）では Google Scholar が，Laerhoven et al.（2020）では Scopus が用いられている。
2)　「社会的共通資本」に関する宇沢弘文の研究もここに分類されている。
3)　ここでは説明を簡潔にするため両者の論理を単純化しているが，実際には異なる論理・理論的根拠も存在する。たとえば，知的財産権の保護を重視する立場の論理としてはここで示したもののほかに，権利論・義務論に基づく論理も存在する（山根, 2020）。また，パブリックドメインの保持を重視す

る立場にも，政治システムの改革と紐づいた多様な主張が見られる（浜本, 2013)。

4) 1710年に発効したアン法（Statute of Anne）のことを指す。

5) https://case.edu/affil/sce/BellagioDec.html

6) 日本でこれまでおこなわれてきた知識コモンズ研究もこの問題意識を共有していると思われる（e.g. 山田編, 2010)。

7) Lessig（2001）の邦訳版ではより直接的に『コモンズ：ネット上の所有権強化は技術革新を殺す』（山形訳, 2002）というタイトルが当てられている。

8) 20億という数字はクリエイティブ・コモンズのウェブサイト（https://creativecommons.org/use-remix/）の記載によるものである。ただし，ここには基本ライセンスが付与された作品だけでなくCC0やパブリックドメインの作品も含まれると考えられる。

9) https://www.gnu.org/licenses/gpl-3.0.html

10) たとえば，権利の制限規定やフェアユースの定義に関する議論がこうした問題に相当する（Benkler, 2013)。

11) たとえば，データや政府刊行物への権利付与に関する議論がこうした問題に相当する（Benkler, 2013)。

4章　知識コモンズ研究の系統化
—IAD アプローチ—

　本章では，オストロムにより系統的な方法論が導入されようになった2000年以降の知識コモンズ研究をあつかう。この時期には，伝統的コモンズ研究で確立されたツールである IAD フレームワーク（以下，IAD）を知識コモンズ研究にも適用しようとする試みが進められた。このことから，本章では IAD を軸とする知識コモンズ研究の方法論を IAD アプローチとよぶことにし，同アプローチについて詳しく説明していく。

　以下，4.1 では黎明期の知識コモンズ研究と伝統的コモンズ研究の知見が合流していく経緯を概説する。続く 4.2 において IAD とその知識コモンズへの応用方法について説明をおこない，4.3 では IAD アプローチが知識コモンズ研究にあたえた影響を検討する。最後に 4.4 において本章を小括する。

4.1　伝統的コモンズとの合流

4.1.1　黎明期の知識コモンズ研究への批判

　黎明期の，オープンコモンズとしての知識コモンズ研究では，「コモンズ」は概してパブリックドメインと同義の概念として用いられており，伝統的コモンズ研究の知見は踏襲されてこなかった。伝統的コモンズ研究の主要な研究者であるオストロムは，こうした黎明期の知識コモンズ研究に批判をおこない（Hess & Ostrom, 2003），図書館情報学者ヘスとともに伝統的コモンズ研究の知見と知識コモンズ研究を結びつける新たなプローチを模索していく。

　黎明期の知識コモンズ研究では，「コモンズ」を保持すべき目標としてとらえたうえで，それを達成するための制度のあり方について論じるという規範的

なアプローチを取るものが多くみられた。つまり，そこでの「コモンズ」は囲い込みに対抗する一種の標語であり，パブリックドメインと同義的な概念として用いられている。これに対してヘスとオストロムは，「コモンズ」を規範的主張のためでなく実証研究のための価値中立的な概念として知識コモンズ研究に導入することを試みている（Hess & Ostrom (Eds.), 2007）。

しかし，自然資源と知識とではその性質は大きく異なるため，伝統的コモンズ研究の文脈で形成されてきた定義をそのまま知識コモンズ研究にも適用できるわけではない。そのため，ヘスとオストロムはまず，知識コモンズ研究の対象となる「知識」をコモンズとしてとらえるとはどういうことかを整理している。

4.1.2 資源としての知識

知識（knowledge）は，情報（information）とデータ（data）との関係で定義されることがある。データは情報を構成する要素であり，ある文脈において組織化されたデータが情報となり，情報を吸収してその使い方を理解することが知識である（Machlup, 1983）。ヘスとオストロムはこうした区分の仕方があることを踏まえつつ，「知識」を，あらゆる形式で表現される無形のアイディア・情報・データを指す包括的な概念として定義している（Hess & Ostrom, 2007）。ここでいう知識には，伝統的・科学的・学術的もしくはあらゆる非学術的な経験や研究を通して得られるものが含まれる。また，絵画や音楽，演劇といった創作物も「知識」としてとらえられる。

2.2.2でみたように，伝統的コモンズ研究では自然資源を資源システムと資源ユニットに区分してとらえていた。ヘスとオストロムは，資源システムと資源ユニットの区分を知識の性質に合わせて拡張することで，知識資源を「ファシリティ（facility）」「アーティファクト（artifact）」「アイディア（idea）」に区分してとらえることを提案している（表4.1参照）。ファシリティは資源システム，アーティファクトは資源ユニットに相当する概念であり，アイディアは新たに設けられた区分である。図書館を例とすると，ファシリティは図書館全体，アーティファクトはその図書館が保持する書籍や雑誌など個々の資料，アイディアは個々の資料という形で体現されている無形の情報やデータに当たる。

表4.1　知識資源の3区分
（Hess & Ostrom（Eds.）（2007）をもとに筆者訳・作成）

区分	説明	例
ファシリティ （facility）	アーティファクトを保存し，利用可能とする資源システム	図書館，アーカイブズ，機関リポジトリ
アーティファクト （artifact）	物理的な資源ユニットであり，個別の，観察可能で，名前をつけることのできる表現形	論文，書籍，地図，ソフトウェア
アイディア （idea）	非物理的な資源ユニットであり，アーティファクトに収容される無形のコンテンツ	数式，科学的法則，概念，数字，事実

　また，やはり2.2.2でみたように，伝統的コモンズ研究では資源の財としての性質を排除性と控除性という基準で分類していた。従来，知識は排除性と控除性がともに低い典型的な公共財であると考えられてきた。しかし，上述の知識資源の区分を踏まえると，アイディアのレベルでは公共財である一方で，ファシリティやアーティファクトのレベルでは控除性・排除性が高いような場合も的確にとらえることができるようになる。

4.1.3　コモンズとしての知識

　ヘスとオストロムは，伝統的コモンズ研究の議論を振り返ったうえで，コモンズを「人々の集団によって共有されており，社会的ジレンマに対して脆弱な資源を意味する一般的な用語」（Hess & Ostrom（Eds.），2007, p. 349, 筆者訳）としてとらえなおしている。ここでいう社会的ジレンマ（social dilemma）とは，個々人が協力的な行動をとるか非協力的な行動をとるかを選択できる状況で，非協力的な行動をとることの方が個人にとっては望ましい結果が得られるとき，全員が非協力的な行動をとった場合の結果が，全員が協力的な行動をとった場合の結果よりも悪くなるような事態を指す（Dawes, 1980）。言い換えると，みなが協力する方が協力しない場合よりもよい結果となるにもかかわらず，誰も進んで協力できないために，最終的にみなが損をするという状況が社会的ジレンマである。社会的ジレンマの典型的な事例の一つは「コモンズの悲劇」であるが，この他にもさまざまな種類が存在することがわかっている[1]。
　2.2で述べたように，伝統的コモンズ研究の文脈でいうコモンズには，資源

としての側面と制度としての側面の両方の意味が含まれていた。ヘスとオスト
ロムは，知識とコモンズについては定義を与えているのに対して，「知識コモン
ズ（knowledge commons）」については明確な定義を示していない。しかし，
以上で述べたコモンズの定義から，知識コモンズ研究の文脈では主にコモンズ
の資源としての側面に着目していることがうかがえる。

　ただし，必ずしも制度としての側面を無視しているわけではない。Hess &
Ostrom（2007）では，「知識コモンズは複数の種類の財と制度から構成されう
る」（Hess & Ostrom, 2007, p. 5, 筆者訳）としている。この説明からは，「知識コ
モンズ」には制度としての側面も含意されていることと，伝統的コモンズ研究
とは異なり，コモンプール資源や共的所有制のようにコモンズをある特定の種
類の資源もしくは制度として狭義に定義づけているのではなく，より広い意味
で知識を共有している事例を指して知識コモンズという語を使っていることが
わかる。

　実際にヘスとオストロムが知識コモンズの具体例として挙げているのは，図
書館や，自機関に所属する研究者の研究成果を公開することを主な目的として
大学や国立研究開発法人が設置・運営するシステムである機関リポジトリ（in-
stitutional repository），専門家による内容の審査が行われる前の状態である論
文をオンラインで公開するシステムであるプレプリントサーバー（preprint
server）などである。コモンズおよび知識コモンズという概念が明確化されて
いないのは，研究がまだ進展していない段階でいたずらに定義を厳格にするこ
とで研究の幅を狭めてしまうことを避けるためであったと考えられる。

4.1.4　IAD アプローチとは

　IAD アプローチの基本的な研究方法は，オストロムらによる伝統的コモン
ズ研究の研究方法と同様に，IAD にもとづくケーススタディにより帰納的に
データを収集するとともに，蓄積されたケースの比較分析を通して仮説や理論
の構築を行い，設計原理のような一般性のある知見を導くことである。この方
法論は，Hess & Ostrom（2003）を推し進める形で Hess & Ostrom（Eds.）
（2007）において体系的に提起されている。

　2.3.2 で見たように，IAD とは一種のフレームワークであった。IAD の具

体的な内容や使い方については 4.2 で詳しくみることとして，ここではそもそもフレームワークとは何であるかを整理しておきたい。

　研究の世界において「フレームワーク（framework）」という語は「理論（theory）」や「モデル（model）」と同じような意味で用いられることも多いが，IAD アプローチでは区別されている（Ostrom, 2005; Ostrom & Hess（Eds.）, 2007）。フレームワーク，理論，モデルはいずれも何らかの現象や事例を説明したり分析したりするためのツールである。そのなかでフレームワークは，理論やモデルよりも抽象度が高く，それらの上位に位置するものである。IAD の場合，資源の管理制度を分析する際に考慮するべき一般的な要素（変数）と要素間の関係が包括的に図示されており，一種のチェックリストとして機能する。これに対して理論とは，フレームワークで示される各要素のうち，一部の要素と要素の間の関係を説明するツールである。研究者は理論を用いることで任意の要素に関する自身の分析結果を解釈したり，あるいは任意の研究課題において着目するべき要素を限定したりすることができるようになる。モデルは理論よりもさらに具体性が高く，ある要素に関する実際の事例の状態を説明もしくは予測するのに用いられる。

　以上から，IAD にもとづくケーススタディとは第一に，分析対象となる事例が IAD で示される各要素に対してもつ状態を包括的に記述することを意味する。また，フレームワーク，理論，モデルの区分を踏まえると，フレームワークにもとづくケーススタディは将来的に理論やモデルを適用することを念頭に置いた探索的な性質の研究デザインであると考えられる。

4.2　IAD フレームワーク

4.2.1　理論的背景と概要

　IAD アプローチを理解するには，研究方法の中核である IAD を詳細に知る必要がある。図 4.1 に示すのが IAD の全体である。IAD は大きく分けると左部，中央部，右部の 3 つのクラスターからなり，それぞれのクラスターにはいくつかの要素（変数）が含まれている。各クラスターの説明に入る前に，まず本項では IAD の理論的背景と全体の概要について説明をおこなう。

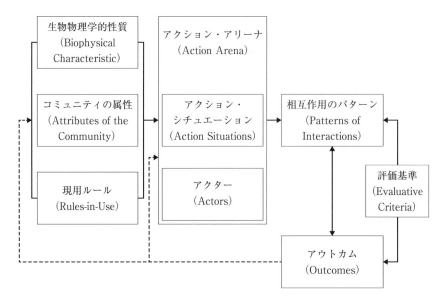

図 4.1　IAD フレームワーク
（Ostrom & Hess, 2007, p. 44 をもとに筆者訳・作成）

IAD は制度を分析するためのフレームワークである。制度（institutions）は，学問分野や研究者によって多様なとらえ方をされる概念である。IAD アプローチにおける制度は，「コミュニティによって理解され用いられる公式および非公式のルール」（Ostrom & Hess, 2007, p. 42, 筆者訳）であると定義される。ここでいう「公式ルール（formal rules）」とは文書化され関係者間で共有される法律や契約，規則等を意味し，「非公式ルール（informal rules）」とは文書化されず暗黙裡に共有される規範や慣習，慣行等を指す。

　単純化するとこれらのルールはやっていいこととやってはいけないことを定めるものであり，資源管理に関するある状況において，意思決定をして行動する主体（IAD アプローチでは後述のようにこれをアクターとよぶ）の，行動の選択の仕方を制約する。また，これらのルールは，複数のアクターが何度も意思決定をおこなうなかで新たに生み出されるものでもある。あるアクターが意思決定をおこなうとき，既存のルールを踏まえつつ，ある行動を選択した場合に生じる影響や他のアクターの行動を予想したうえで，自身の利益を最大化する

ようにとるべき行動を選択する。こうした意思決定を複数のアクターが何度も繰り返すと、各人がとるべき行動は次第にパターン化していくことになる。このパターンが新たな制度となるのである。

　もう少し詳しく説明すると、IADは新制度派経済学（new institutional economics）という流派の考え方にもとづき制度をとらえている。新制度派経済学ではゲーム理論を用いて制度の成り立ちを説明する。意思決定をおこなう状況（ゲーム）において、各アクターは他のアクターがどう振る舞うかを考えつつ、自身にとってよりよい結果が得られる行動選択を追求する。このとき、各アクターがそれぞれにとって最善の行動を選択している、「均衡（equilibrium）」とよばれる状態に達することがある。一度均衡に達すると、各アクターは最善の結果を得ていることから、行動選択の仕方はそれ以上変化しなくなる。この均衡が制度となる。また、ゲームにおいては、各アクターは自身にとっての利益を追求して合理的に行動することが基本的な前提となる[2]。

　IADの左部クラスターは「生物物理学的性質（Biophysical Characteristics）」「コミュニティの属性（Attributes of the Community）」「現用ルール（Rules-in-Use）」という3つの要素からなり、これらはいずれも当該事例の外形的な要素である。中央のクラスターの「アクション・アリーナ（Action Arena）」は意思決定が行われる場を意味する。アクション・アリーナに焦点を当てて考えると、左部クラスターはアクターの意思決定の仕方に影響を与える「外的要因（exogenous factors）」（または「外生変数」）として位置づけられる。右部クラスターは各アクターの意思決定の結果として生じる制度—IADでは「相互作用のパターン（Patterns of Interactions）」とよばれる—と、それがもたらす「アウトカム（Outcomes）」および「相互作用のパターン」と「アウトカム」の良し悪しを判断するための「評価基準（Evaluative Criteria）」から構成される。最終的に「アウトカム」は左部クラスターやアクション・アリーナにフィードバックされ、当該事例の外形的要素や意思決定の行われ方に影響を与えることとなる。

　以上の説明は、伝統的コモンズ研究にもIADアプローチにも同様に当てはまるものである。以下では、知識コモンズを対象としてケーススタディをおこなう際に、各クラスターに含まれる各要素をどう記述することになるのかを詳

しく見ていく。なお，本節の以降の記述は基本的に Ostrom & Hess（2007）に依拠する。

4.2.2　左部クラスター：生物物理学的性質，コミュニティの属性，現用ルール

(1) 生物物理学的性質

「生物物理学的性質」は，当該資源の性質に関する要素である[3]。ここでいう性質とは，当該資源の量や所在，範囲，控除性・排除性，および当該知識資源を体現する技術などを指す。これらの性質を，4.1.2で述べたファシリティとアーティファクト，アイディアという知識資源の三区分それぞれのレベルにおいて記述する。

(2) コミュニティの属性

「コミュニティの属性」は，当該資源に関するコミュニティに関する要素である。ただし，伝統的コモンズの場合は分析対象となる資源が特定の場所に存在する有体物であることからその管理に携わるコミュニティの範囲を特定することも相対的に容易であるのに対して，特にデジタル化された知識資源に関する知識コモンズの場合は，当該資源の利害関係者が多岐にわたることから，対象となるコミュニティの範囲を識別することも難しくなる。

　よって IAD アプローチでは，コミュニティを「利用者（users）」「提供者（providers）」「管理者/政策立案者（managers or policy-makers）」にわけてとらえることから分析をはじめることが提案されている。利用者とは，文字通り知識資源を利用するものを指す。提供者とは，データやソフトウェアなどの資源を提供し利用可能とすることで当該事例に貢献するもののことである。管理者/政策立案者とは，当該知識資源の管理に関する意思決定に携わるものを指す。なお，IAD アプローチではある資源に対して複数の関連するコミュニティが存在することが想定されているが，提供者コミュニティと管理者コミュニティとは多くの場合入れ子状になっているという。

(3) 現用ルール

IAD を用いた分析の関心は制度にあるため，「現用ルール」は特に重要な要

素となる。それでは，現用ルールとはどのようなルールなのだろうか。

4.2.1 で，制度は公式ルールと非公式ルールに分けられると述べた。IAD においてルールとは，公式か非公式かを問わず，意思決定がなされるある特定の状況（後述する「アクション・シチュエーション」）において，ある立場にあるアクターが何をする必要があるか，何をしてはいけないか，何をしてもよいかについての共通認識を意味する（Ostrom, 2005）。このとき，契約や規則のように明確に文書化された公式ルールであっても，アクターがその存在を認識していなかったり，もしくは遵守していなかったりする場合，実際には効力を発揮していないことになる。一方で，慣習のように文書化されていない非公式ルールであっても，それが実際にアクターの行動の仕方を制約している場合にはルールとして有効に機能していると考えられる。

IAD では，前者の形骸化しているルールのことを「形式的ルール（Rules-in-Form）」とよび，後者の周知・遵守されており有効に機能しているルールのことを「現用ルール」とよぶ。分析において重要となるのは現用ルールの方である。また，アクション・アリーナとの関係でいうと，現用ルールはすでに成立し機能している制度であり，アクション・アリーナにおいてアクターは現用ルール（および左部クラスターの他の要素）の影響のもとで他のアクターと相互作用しつつ意思決定をおこなう。

現用ルールの分析は，2.3.3 でみた伝統的コモンズの分析と同様に，「運用レベル（operational level）」「集合的選択レベル（collective choice level）」「構造レベル（constitutional level）」の３階層でおこなわれる。「運用レベル」のルールは，個人が他者や周囲の世界と関係しつつおこなう日常的な意思決定に関するものである。4.1.3 で述べた機関リポジトリを例とすると，運用レベルでのルールでは，誰が・何を・どのようにリポジトリに提供するのか等が定められる。「集合的選択レベル」は「ポリシーレベル（policy level）」ともよばれ，このレベルのルールの分析では，個々人が運用レベルのルールを策定するためにおこなう相互作用に焦点が当てられる。たとえば，機関リポジトリにデータを提供できる者の範囲を定めたルールをどのように策定するかを決めるのが集合的選択レベルのルールである。「構造レベル」では，集合的選択に参加するものを規定するルールが分析される。たとえば，当該の機関リポジトリが位置す

表 4.2　知的財産権に含まれる権利の類型
（Ostrom & Hess, 2007, p. 52-53 をもとに筆者作成）

アクセス （access）	規定されたエリアに立ち入り控除性のある資源を使用しない方法で当該エリアから便益を得る権利
貢献 （contribution）	当該のコンテンツに貢献する権利
抽出 （extraction）	当該資源システムから資源ユニットを得る権利
除去 （removal）	資源からだれかのアーティファクトを取り除く権利
管理/参加 （management/participation）	内部での利用のパターンを規制したり，改良を加えて資源を変化させる権利
排除 （exclusion）	誰がアクセスや抽出の権利を有するか，およびその権利がどのように移管されるかを決定する権利
譲渡 （alienation）	管理/参加や排除の権利を売るかもしくは賃貸する権利

る大学の行動憲章などが構造レベルのルールに相当する。

　知識コモンズの場合，知的財産権は代表的な現用ルールである。ある個人が知識資源について権利を有している場合，他の者はその権利について相応の義務を負うことになる。IAD アプローチでは，知的財産権のなかに含まれる個々の権利が類型化されている（表 4.2）。この類型は，具体的な法律の条文から離れて，権利の種類をより抽象化してとらえている。このように知的財産権を個々の権利に分ける考え方は，実際の制度設計をおこなう際に重要となるという。

4.2.3　アクション・アリーナ

　「アクション・アリーナ」とは，意思決定が行われる局面のことであり，実際の物理的な空間というよりも分析の単位となる仮想的な場のことを指す。アクション・アリーナには「アクター」と「アクション・シチュエーション」という二つの要素が含まれている。アクターは意思決定をおこなう主体である。必ずしも個人である必要はなく，組織や組織内の部署等もアクターの単位とな

りえる。アクション・シチュエーションは，アクターの意思決定の仕方に影響を与える前提条件のことである。ここでいう「シチュエーション」には，4.2.2でみた外因的要因も含まれるほか，あるアクションに関して各アクターが有している情報やポジション，そのアクションが実行される際の利益やコストなどが含まれる。

Ostrom & Hess（2007）では，やはり機関リポジトリの構築を例として，アクション・アリーナの分析の実際が説明されている。機関リポジトリの構築に際しておこなわれる具体的なアクションとしては，当該の研究機関の所属員に研究成果をリポジトリに投稿するよううながすこと，リポジトリに適用されるファイルフォーマットやメタデータ標準などの技術的要件を定めること，リポジトリの利用方針を決定すること等が挙げられる。

機関リポジトリの構築というアクションのアクターとしては，当該研究機関の図書館や情報基盤センター，リポジトリに研究成果を投稿する個々の研究者などが考えられる。アクション・シチュエーションとしては，たとえばリポジトリの機能要件に関する国の指針や，当該の研究機関においてリポジトリに登録する論文の数等の目標が策定されていることがあげられる。こうした指針・方針は構造レベルでの現用ルールに相当し，リポジトリの構築のされ方に影響を与える。

また，実際に分析をおこなう際には各アクターがどのようなインセンティブをもっているかという点もポイントとなる。たとえば，個々の研究者にとっては，リポジトリで自身の論文が公開されることには自身の認知度や論文の引用回数を増やすといった効果が期待でき，ひいては昇任や研究資金の獲得といった利益を得ることも見込まれる。この点を踏まえると，研究者はリポジトリに研究成果を登録するインセンティブを有していることになる。一方で，登録には時間を要することや権利処理をおこなう必要があることなど，登録しないことへのインセンティブも考えられる。

4.2.4　右部クラスター：相互作用のパターン，アウトカム，評価基準

「相互作用のパターン」とは，アクション・アリーナにおけるアクター間の相互のやり取り（他者の行動選択を踏まえた意思決定）の結果として生じる均衡

のことである。言い換えると，アクション・アリーナにおける相互作用のアウトプット（結果）に当たる。このとき「アウトカム（Outcomes）」は，アウトプットであるところの「相互作用のパターン」がもたらすアウトカム（成果）にあたる。当該の事例におけるコミュニティのメンバーは，何らかの「評価基準」にもとづいて相互作用のパターンとそのアウトカムを評価する。最終的に，評価の結果は左部クラスター（外因的要因）やアクション・アリーナにフィードバックされる。

Ostrom & Hess（2007）では，アウトカムにはネガティブなものとポジティブなものの双方が存在するとされる。表4.3は，多様な知識コモンズにおいてみられるアウトカムの例である。ただしこの表については，オストロムとヘスが自身の規範的な価値判断にもとづいてアウトカムをポジティブとネガティブに区分しており，コモンズを価値中立的にとらえる伝統的コモンズ研究のスタイルと矛盾しているという批判もある（Cole, 2014）。

また，オストロムとヘスは知識コモンズにおいてよく用いられるという評価

表4.3　知識コモンズにおけるアウトカム
（Ostrom & Hess（2007）, p.61, Table3.1, 筆者訳）

ネガティブなアウトカム	ポジティブなアウトカム
商用の学術データベース（囲い込み）	オープンアクセスの研究図書館（アクセス）
情報格差（不衡平）	グローバルな利用，供給，生産（衡平）
コレクション間の標準の欠如（劣化）	デジタル化情報の標準と相互運用性（多様で豊かなコモンズ）
衝突，協力の欠如	協力・互恵性（社会関係資本）
クオリティ・コントロールの欠如（汚染）	コンテンツのクオリティ・コントロール（豊かさ）
過剰な特許化，アンチコモンズ（囲い込み）	オープンサイエンス（アクセス/コミュニケーションの向上）
コンプライアンス違反（脆弱な資源）	コンプライアンスと参加（よく利用されるリポジトリ）
情報の削除（不安定，劣化，枯渇）	情報の保存（アクセス）
スパム（汚染）	学術ブログ（情報の質やコミュニケーションの向上）

表 4.4　知識コモンズの評価基準
（Ostrom & Hess（2007），p. 62-66 をもとに筆者訳・作成）

評価基準	説明
科学的知識の増加 （increasing scientific knowledge）	資源が科学的知識である場合に適用される評価基準であり，アウトカムや相互作用が知識を増加させたか，および人々による当該資源の利用可能性を高めたかどうかを指す
持続可能性と保存 （sustainability and preservation）	当該の事例が長期的に存続できるかどうか
参加のための標準 （participation standard）	コミュニティに参加するに際して必要な情報や技術が標準化されているかどうか
経済的効率 （economic efficiency）	資源の配分について無駄がないかどうかを指し，アウトカムの費用と便益を推計する際などに用いられる
財政的等価による衡平性 （equity through fiscal equivalence）	当該事例の受益者と貢献者の間の衡平性に関する基準。受益者が当該事例に対して十分な対価を支払わない場合は不衡平であり，貢献者の行動に影響を及ぼすことが予想される
再分配の衡平性 （redistributional equity）	格差の是正に関する基準。具体例として，オープンアクセスに関する先進国と発展途上国とのコスト負担のバランス等が挙げられる

基準を整理している（表 4.4）。しかし，アウトカムの場合と同様に，評価基準についても詳細な裏付けが不足しているという批判がなされている（Cole, 2014）。

　なお，IAD アプローチでは研究課題に応じた IAD の柔軟な適用方法が想定されており，IAD にもとづいてケーススタディをおこなう際に，必ずしもすべての要素を分析に含める必要はない。たとえば，「外因的要因」の各要素の分析に焦点を当てることで当該事例の静的な状態を明らかにするアプローチも可能であり，また「アクション・アリーナ」から生み出された「アウトカム」がフィードバックされて既存の「現用ルール」が変化していく様子に焦点を当てる動的分析をおこなうこともできるという。

4.3 IADアプローチの影響

本節では，IADアプローチが知識コモンズ研究にあたえた影響を検討する。まず4.3.1ではIADアプローチによる研究の展開の様子を概観し，4.3.2ではIADアプローチの知識コモンズ研究における意義を検討する。最後に，4.3.3において，IADアプローチが抱えていた課題点について論じる。

4.3.1 展開

ヘスとオストロムがその方法論を提起して以降，IADアプローチはどのように展開していったのだろうか。まず，提唱者であるヘスとオストロムの研究以外にも，IADを用いた知識コモンズの研究が見られるようになった。IADにもとづく記述的なケーススタディとして，FLOSS（Free/Libre and Open Source Software）とその開発プロジェクト（Schweik, 2007），多人数参加型のオンラインゲーム（MMO）（Bertacchini & Borrione, 2012），共産主義体制期のハンガリーにおける教育制度（Gyuris, 2014）など，さまざまな事例を対象とする研究が行われた。

記述的なケーススタディではないがIADを応用したものとして，シュヴェイク（Schweik, C. M.）とイングリッシュ（English, R. C.）によるFLOSSに関する一連の研究がある（e.g. Schweik & English, 2012）。彼らの研究は，FLOSSとその開発コミュニティをコモンズとして位置づけたうえで，その成功及び失敗の要因を特定することを目的としていた。その際，分析に用いる変数の選定や仮説・リサーチクエスチョンを設定するために，IADに則した関連研究のレビューや，IADに基づくケーススタディをおこなっている。さらに他の応用例として，参加型センシングアプリのガバナンスモデルの設計にIADを用いた研究も存在している（Macbeth & Pitt, 2015）。

また，IADを直接用いている訳ではないが，伝統的コモンズ研究の知見を用いて知識コモンズの研究をおこなう例もみられるようになった。研究データのガバナンスをコモンズとして理解しようとする研究（Borgman, 2015）や設計原理とオンラインコミュニティの関係に着目した研究（Srbljinovic et al., 2008），

オープンサイエンスをコモンズとしてとらえることで社会的ジレンマと関連づけてその障害を分析する研究（Scheliga & Friesike, 2014），論文をインターネット上で無料で公開する「オープンアクセス（以下 OA）」運動を知識コモンズを作成・管理する事例とみなして分析をおこなう研究（Kranich, 2007; Suber, 2007; Lougee, 2007; Cox & Swarthout, 2007）などが挙げられる。

さらに，IAD アプローチの知見を社会的に実装する事例も登場する。代表的なものとして，ヨーロッパ各国の図書館や博物館・美術館，文書館などが保有する文化遺産をデジタル化したコンテンツとそのメタデータを集約した巨大なデジタルアーカイブである Europeana や，オープンサイエンスを支える基盤を財政的に支援するためのシステムである SCOSS（Global Sustainability Coalition for Open Science Services）があげられる[4]。このうち，Europeana については 7 章であらためて取り上げる。

4.3.2 意義

IAD アプローチが知識コモンズ研究にもたらした意義として何より大きいのは，知識コモンズに対する実証的な研究の道を切り開いたことである。IAD を軸とする方法論が多くの研究において使われるようになり，徐々にではあるが実証研究に基づく理論的な知見が蓄積されていくようになった。

また，もともと伝統的コモンズ研究の文脈で使われてきた概念や理論が知識コモンズ研究に適用されるようになったのも，IAD アプローチの意義であるといえる。たとえば，コモンプール資源や共的所有制のような資源・制度の類型や社会的ジレンマといった概念を使って OA などの事象を理解しようとする試みは多い。他にも，以下のような概念・理論が知識コモンズ研究に持ち込まれるようになった（cf. Hess & Ostrom (Eds.), 2007）。

• 集合行為（collective action）
共通の目標のために 2 人以上の人間によって一緒に行われる行動。各個人は自発的に集合行為に参加する。

• 自己統治（self-governance）

人々が外部の権威の介入なしに規制機能を行使し，コントロールする能力。
伝統的コモンズではコミュニティが主体となって自己統治が行われていた。

- 社会関係資本（social capital）

人々のもつ人間関係（社会的ネットワーク）と，これらのネットワークから
生じる互いのために何かをしようとする傾向。コモンズがもたらす効果であ
るとともに，コモンズを成り立たせる要素でもある。

- 多極性（polycentricity）

複数のルールや意思決定の仕組みを備えた，分権的なシステム。自己統治と
ともに，（伝統的）コモンズが制度として備えている特徴としてとらえられ
る。

Cole（2014）では，知的財産権法学の研究者にとってのIADアプローチの
意義が説明されている。Cole（2014）によると，IADアプローチならびに過去
の伝統的コモンズ研究の知見から，「知識をよりよく管理するためにはどのよ
うに法制度を設計すべきか」という規範的主張をするための根拠となる知見を
期待することは困難である一方で，知識を管理する事例を理解するための概念
的・方法論的指針をえることは可能であると整理される。概念的・方法論的指
針とはすなわち，伝統的コモンズ研究において明確化された概念を応用するこ
とと，IADを通して対象とする事例を深く理解することにある。

前者の伝統的コモンズ研究の概念の応用について，たとえばコモンプール資
源と共的所有制が区別されたのと同様に，知識（あるいは情報やデータ）と，
それを管理する有形・無形のシステム（e.g.知的財産権，リポジトリ）を区別す
ることは重要であるが，しばしば混同されているという。後者のIADによる
事例の理解について，たとえば論文や研究データなどの学術情報と芸術作品で
は，関連する法律やライセンスはある程度共通する一方で，再利用に関するガ
イドラインや慣習・規範，管理に用いられるインフラの仕様など，実際の事例
におけるガバナンスの方法は大きく異なっている。こうした差異を詳細かつ体
系的に理解する際に，IADで定義される各要素にもとづいて分析をおこなう

ことは有用であるとされる。

4.3.3 課題

　IADアプローチは伝統的コモンズ研究と知識コモンズ研究を接続する最初期の試みであったため，当然のことながらいくつかの課題も抱えていた。まず，「知識」や「コモンズ」については定義が示される一方で，「知識コモンズ」についての明確な定義は与えられていない。4.1で見たように，ヘスとオストロムは，知識コモンズは複数の種類の財と管理制度から構成されうるとしつつも（Hess & Ostrom, 2007, p.5），概して「コモンズ」という用語に内包される資源としての側面により重点を置いていると考えられる。このとき，アイディア・アーティファクト・ファシリティの区別など，知識コモンズの資源としての側面については伝統的コモンズ研究にはなかった独自の考察が行われている一方で，知識の管理制度については伝統的コモンズ研究で得られた設計原理などの知見をそのまま援用することで考察がおこなわれるにとどまっている。

　また，IADアプローチの根幹であるIADを基本的にそのままの形で知識コモンズに適用することが想定されている。知識と自然資源ではその性質が異なることから，知識資源をアイディアとアーティファクト，ファシリティに区別するなど，そのギャップを埋めるための工夫は試みられているが，IAD自体は有形の資源を念頭に構築されたときの形を変更することなく知識資源にも適用することとなっている。

　個別の要素に関する課題としては，アウトカムと評価基準に関する検討の不足が指摘されている。4.2.4で述べたように，ヘスとオストロムは知識コモンズに関するアウトカムや評価基準を新たに提起しているが，これらには実証的・理論的な裏付けが欠けていることや，本来は価値中立的な概念であるはずのアウトカムを無意識のうちに望ましいものと望ましくないものに分けていることについて批判がなされている（Cole, 2014）。アウトカムや評価基準について十分な検討がなされていないことの原因は，伝統的コモンズ研究の場合，研究者の間で暗黙のうちに，各コモンズの評価基準は「当該の資源が持続可能か否か」であることとして合意が形成されていたことにあるという（Cole, 2014）。そのため，伝統的コモンズ研究自体にアウトカムや評価基準に関する知見の蓄

積が少なく，これを応用する IAD アプローチでもその点が欠けたままとなっている。

4.4 小括

　ヘスとオストロムが提起した IAD アプローチは，伝統的コモンズ研究において培われてきた方法や理論的知見を導入することで，知識コモンズ研究を系統的かつ実証的に進めていこうとする試みであるといえる。このなかで，知識をコモンズとしてとらえるための概念的な整理や，IAD にもとづくケーススタディの進め方に関する詳細な説明がおこなわれた。一方で，IAD アプローチにはまだ伝統的コモンズ研究の影響が強く残っており，IAD を知識コモンズに適用するに際しては検討の不十分な点が存在することも指摘される。

　ヘスとオストロム自身も，IAD を知識コモンズの性質に即して修正していくことは今後の知識コモンズ研究において必要な課題であると認識していた（Ostrom & Hess, 2007）。しかし，オストロムが 2011 年に没したこともあり，この課題が彼女達自身の手によって解決されることはなかった。これを引き継いだのは，知的財産権法学や法と経済学を専門とする研究者である，マディソン（Madison, M. J.），ストランドブルグ（Strandburg, K. J.），フリッシュマン（Frischmann, B. M.）らである。次章では，彼らの手による新たな知識コモンズ研究の方法論を見ていく。

注
1) なかには Dawes（1980）による定義から外れるような社会的ジレンマも存在する。社会的ジレンマの種類やそのメカニズムについては，たとえば山岸（1990）において平易な解説がなされている。
2) IAD における制度のとらえ方は，新制度派経済学に位置する他の研究と整合的である。たとえば，制度は明文化された公式ルールと非明示的な非公式ルールから構成されるという考え方は，North（1990; 2010）による制度理解に対応している。また，制度をゲームの均衡としてとらえる考え方は，Aoki（2001 滝沢・谷口訳 2007: 2010 谷口訳 2011）と共通する。なお，Cole（2014）によると，アクターは常に合理的に行動するという仮定を置いているゆえに，IAD を社会科学におけるさまざまな理論やモデルと対応させる

ことが可能となっているという。

3) 伝統的コモンズを対象とする場合は文字通りに対象となる自然資源の生物物理学的性質に関する要素を意味するが，知識コモンズを対象とする場合には「生物物理学的」というのはあくまで比喩的な表現となる。

4) https://scoss.org/

/

5章 自立する知識コモンズ研究
—GKC アプローチ—

　4章の終わりで，知識コモンズの性質に即して IAD を修正するという IAD アプローチの課題の解決は，ヘスとオストロムの後継の研究者によって進められていったと述べた。マディソン，ストランドブルグ，フリッシュマンが IAD を修正することで新たに作成した知識コモンズ研究のためのフレームワークは，彼らの主著 *Governing Knowledge Commons*（Frischmann et al.（Eds.），2014）の書題に含まれる各単語の頭文字をとって，GKC フレームワーク（GKC Framework，以下 GKC）とよばれる[1]。

　本章では，GKC を軸とする新たな知識コモンズ研究の方法論を GKC アプローチとよぶこととし，同アプローチについて詳しく論じる。5.1 では GKC アプローチの背景にある考え方を整理し，5.2 では GKC とそれを用いたケーススタディの方法について説明をおこなう。最後に 5.3 において，GKC アプローチの現在までの動向を概観する。

5.1　制度への着目

5.1.1　構築されたコモンズ

　IAD を修正するには，IAD が本来念頭に置いていた伝統的コモンズと知識コモンズの違いを明確にする必要がある。マディソンらによると，知識コモンズは「構築されたコモンズ（constructed commons）」であるという点で，自然資源を主な対象とする伝統的コモンズとは異なるという（Frischmann et al., 2014; Madison et al., 2009: 2010*a*）。伝統的コモンズの場合，自然資源は基本的に自然により産出されるものであることから，分析の過程において資源は所与の

ものとして想定され，当該資源はどのように管理されているのかという点に分析の焦点が当てられることとなる。また，同様の理由により，控除性や排除性といった資源の性質は概して先天的に決定されるものであると位置づけられている。これに対して知識コモンズの場合，知識資源は人間により生みだされる―すなわち「構築」される―ことから，資源を所与として想定することはできず，管理のありように加えてどのように当該資源は産出されるのかという点を分析に含める必要がある。また，必然的に資源の性質は後天的・人為的に決定される（Frischmann et al., 2014; Madison et al., 2009; 2010a）。

　マディソンらはこうした差異を踏まえて IAD の修正を行い，知識コモンズの特性に即した新たなフレームワークである GKC を開発する。GKC を用いた研究方法は Madison et al.（2010a）においてはじめて提起され，これに対してオストロムを含む知識コモンズおよび知的財産権法の研究者らから意見・質疑が寄せられ，マディソンらとの間で議論が交わされる（Eggertsson, 2010; Gordon, 2010; Macey, 2010; Merges, 2010; Madison et al., 2010b; Ostrom, 2010; Solum, 2010）。この議論を反映して，Frischmann et al.（Eds.）（2014）では GKC アプローチの方法論が体系的な形で示されるとともに，GKC を用いたケーススタディの実例が公開されることとなる。

5.1.2　フリーライダーの寓話

　GKC アプローチでは，伝統的コモンズ研究がコモンズの悲劇への反証として展開してきたことと類比的に，知識資源の管理制度に関する通説を「フリーライダーの寓話（the free-rider allegory）」として定式化したうえで，それに対する反証として知識コモンズ研究を系統的に進めていくという戦略がとられている。フリーライダーの寓話で示されるのは，知識資源は本来控除性と排除性がともに低い公共財であるため第三者による支払いの伴わない利用（フリーライド）を何らかの法的保護により容易に排除できるようにしなければ，当該資源の生産にかかった費用や時間などのコストを生産者が補填できず生産のインセンティブが失われることとなり，ついには知識資源の過少生産が生じるという状況である（Frischmann, 2013）。

　そして，コモンズの悲劇の場合と同様に，フリーライダーの寓話を回避する

には私的所有制に類する方法か公的所有制に類する方法のいずれかによるしかないという二分法的な考え方が支配的となっているという（Frischmann, 2013; Frischmann et al., 2014; Madison et al., 2009: 2010a）。知識資源の文脈における私的所有制型の方法とは，知的財産権を設定することでフリーライドを排除するためのコストを低減させることを意味する。公的所有制に類する方法とは，公的機関が助成金を投入して知識資源の生産にかかるコストを補填する，もしくは公的機関が直接知識資源の生産を担うなどの手段を意味する。この場合，生み出された知識資源はパブリックドメインという形で公有のものとすることが義務づけられることも多い。

　こうしたフリーライダーの寓話とそこから導かれる政策的含意に対して，GKC アプローチおよび近年の知的財産権法に関する研究では，知識資源の生産・管理におけるフリーライダーの寓話の一般化可能性に対して疑問が呈される。Frischmann（2012）によると，フリーライドは広く社会に見られる現象であり，必ずしもフリーライダーの寓話で示されるような知識資源の過少生産が生じているわけではないという。現実には，知識資源の生産者は当該資源を生産することで自身の技能を高めたり，社会的な名声を得たり，もしくは生産することそれ自体から喜びを得るなど，当該資源の利用者からの対価のほかにもさまざまな利益を得ている（e.g. Darling & Perzanowski, 2017; Hippel, 2005; Schweik & English, 2012）。

　このとき，フリーライドの有無にかかわらず，生産者が生産活動から得ることができる利益の見込みは生産活動にかかるコストを上回る場合は多く，また上回る限り支払いがともなわなくとも知識資源の過少生産は生じない。このことから，フリーライダーの寓話は知識資源の生産に際して常に当てはまるような一般的なモデルではなく，民間企業における研究開発活動などの特殊な状況にのみ該当する限定的なモデルに過ぎない可能性も考えられる（Frischmann, 2013）。

5.1.3 「知識コモンズ」とは

　フリーライダーの寓話の適用可能範囲が限定的であるとすると，これを解決するためには知的財産権による私的所有制型か公的助成等の手段による公的所

表5.1　GKCアプローチにおける基本概念の定義
（Frischmann et al., 2014, pp. 2-3をもとに筆者訳・作成）

コモンズ （commons）	コミュニティ・マネジメントまたはコミュニティ・ガバナンスの一形態
知識 （knowledge）	情報や科学，知識，創作物，データ等，広義の知的・文化的資源を意味する
知識コモンズ （knowledge commons）	情報，科学，知識，データ，その他の知的・文化的資源を共有し，場合によっては創造するための，制度化されたコミュニティ・ガバナンスを意味する略語

有制型のいずれかによるしかないという二分法的な考え方にも必然的に疑問が生じることとなる。このとき，伝統的コモンズ研究が私的所有制と公的所有制に代わる第三の選択肢である共的所有制を特定したように，GKCアプローチでは私的所有制型と公的所有制型の中間に両者を組み合わせた多様な知識資源の管理制度が存在することを想定している。その中でもGKCアプローチが特に着目するのは，オープンソースソフトウェアの開発コミュニティやウィキペディアなどの事例において見られるような，コミュニティが主体となって知識資源の生産・管理をおこなう制度である（Frischmann et al., 2014）。GKCアプローチでは，こうした事例を「知識コモンズ」として位置づけている。

　表5.1はGKCアプローチにおける「コモンズ」「知識」「知識コモンズ」の定義である。IADアプローチと同様に，GKCアプローチも「知識」を広範にとらえている。他方で，IADアプローチは概して「コモンズ」の資源としての側面に着目していたのに対して，GKCアプローチは資源よりもその生産と管理に係るガバナンスひいては制度としての側面に比重を置いて「コモンズ」および「知識コモンズ」をとらえていることがうかがえる。

　表5.1における「知識」の定義が広範であるのと同様に，「コモンズ」と「知識コモンズ」の定義もやはり広範であり，ともすると何を指すかが曖昧であるようにも思われる。マディソンらによるとこれは方法論を提起する段階でいたずらに研究対象を絞り込むことを避けるための戦略的な措置であるというが（Madison et al., 2010b），実際に研究をおこなううえでは知識コモンズとそれ以外の種類の管理制度とを区分する基準が必要となることもある。この点に関

して，Solum（2010）では「GKC アプローチにおける知識コモンズとは何か」という問いがマディソンらに対して投げかけられており，その応答としてMadison et al.（2010*b*）では，コモンズとコモンズでないものを分ける基準となるのは，コミュニティのメンバー内での知識資源の「制度化された共有（institutionalized sharing）」であると説明されている。

ここでいう「制度化された」という言葉は，社会的ジレンマを解決するための制度的措置（institutional arrangement）のことを指していると考えられる。制度的措置とは，何らかの組織的な仕組みを通じて実施される一連のルールのことである（Cole, 2014）。つまり GKC アプローチでは，フリーライダーの寓話という社会的ジレンマを解決するためにコミュニティが主体となって一連のルールを定めて知識資源を共有するというガバナンスの方法を指して，知識コモンズという用語を用いていると整理できる。

ただし，IAD アプローチでは「知識コモンズ」に複数の種類の制度が含まれることが含意されていたのと同様に，現在の GKC アプローチでも「知識コモンズ」はさまざまな種類の制度（ガバナンス）を包含する，一種のアンブレラタームである。そのため，GKC アプローチの観点に立ったうえで，「知識コモンズ」の種類を分類する研究も行われている（Contreras & Reichman, 2016）。

5.1.4　ガバナンスとは

GKC アプローチにおける知識コモンズの定義が分かりづらいのは，定義中に含まれる「ガバナンス（governance）」がそもそも多義的な概念であることにも起因する。マディソンらはガバナンスという語をどの様な意味で用いているのだろうか。

一般的に，ガバナンスとは「政府，市場，ネットワーク，家族，部族，公式な組織，非公式な組織，領土，法律，規範，権力，言語などを介して行われているかどうかにかかわらず，統治のすべてのプロセス」（Bevir, 2012, p. 1，筆者訳）を意味する。GKC アプローチの詳細を体系的に示した文献（Madison et al., 2010a; Frischmann et al. (Eds.), 2014）ではガバナンスについての明示的な説明はなされていないが，マディソンは自身の論文においてガバナンスを「集団の利害に関する事柄について，個々人が共同して集団的または協調的に意思決

定すること」（Madison, 2020, p. 33, 筆者訳）を意味する語として説明している。さらに，ガバナンスは制度として体現されるとして，ガバナンスと制度の関係を整理している（Madison, 2020）。

　また，GKC アプローチではガバナンスを分析する際の観点として，①オープン性，②一般的なガバナンスの構造，③「アクション・アリーナ」に適用されるルール・規範，の３つを取りうることが示されている（Frsichmann et al., 2014）。オープン性（openness）とは第一に知識資源の利用に関するコントロールの程度を意味するが，ある資源がオープンであるかクローズドであるかは当該資源を利用しようとする人間が当該資源に係るコミュニティに参加しているかどうかによっても左右されるため，コミュニティの外にいる人間が当該コミュニティに参加することがどれだけ容易であるか―すなわち，コミュニティのオープン性―もあわせて考慮に入れる必要があるとされる。また，ここでいうコミュニティはさらに，当該知識資源の利用者コミュニティ，現用ルールの決定権を有する管理者コミュニティ，当該知識資源を産出・提供する貢献者コミュニティの３種類に大別される（Frischmann et al., 2014; Ostrom & Hess, 2007）。

　一般的なガバナンスの構造（general governance structures）とは，知識資源の生産・共有に関するルールやコミュニティで生じた紛争を解決する仕組み，ルールの違反者に対する罰則規定など，「現用ルール」のありようやそれを規定する諸要素を意味する。アクション・アリーナに適用されるルール・規範とは，その時々の状況（「アクション・シチュエーション」）に応じて生じる局所的・時限的なルールや規範を意味する。

　以上のガバナンスに関する説明や分析するための観点に関する議論を踏まえると，GKC アプローチにおける「ガバナンス」とは，当該事例においてアクターの相互作用の仕方を規定する現用ルールなどの制度や当該制度の実効性を担保する仕組みの総称であると考えられる。

5.1.5　GKC アプローチとは

　GKC アプローチの基本的な方法は，IAD アプローチの場合と同様である。すなわち，GKC に基づくケーススタディと，そうして蓄積されたケースの比較分析である。ケーススタディについては，対象となる事例に関するできるだ

け詳細な観察記録を作成することが求められる[2]。ケーススタディのためのデータ収集方法としては，文献レビューやインタビュー調査，参与観察などの質的な方法が用いられることが多い。ただし，定量的な方法が除外されているわけではなく，サーベイや特許情報データベースを用いた計量書誌学的な手法を用いた研究もあるほか，実験手法の導入も検討されている。

GKCアプローチの最終的な目的としては，知識コモンズが機能するメカニズムやその成立過程の解明，知識コモンズにおける設計原理の特定，知識コモンズや他の種類の制度が知識資源の管理制度として選好される条件の特定などが挙げられている（Frischmann et al., 2014; Madison et al., 2016）。また，マディソンらはWorkshop on Governing Knowledge Commonsというコミュニティーを介して[3]，GKCアプローチにもとづく知識コモンズ研究の成果物のリストを作成したり，関連の研究者のネットワークを構築したりするなど，協働的・学際的に研究を進めていくことを指向している。

5.2 GKCフレームワーク

5.2.1 概要

図5.1に示すのがGKCである。左部・中央部（「アクション・アリーナ（Action Arena）」）・右部のクラスターから成るという基本的な構成はIADと同様であるが，細部において差異がみられる。

まず，伝統的コモンズとは異なり知識コモンズの場合は左部の各要素を明確に区別してとらえることは困難であるため，「資源の性質（Resource Characteristics）」「コミュニティの属性（Attributes of the Community）」「現用ルール（Rules-in-Use）」の間に相互作用があることが強調されている。これと関連して「アクション・アリーナ」における意思決定（相互作用）の結果が直接的に「資源の性質」にフィードバックされており，これらの点により，知識コモンズでは「資源の性質」は，「コミュニティの属性」や「現用ルール」，そして「アクション・アリーナ」における相互作用により「構築」されることが表される。

また，IADでは右部において「相互作用のパターン（Patterns of Interac-

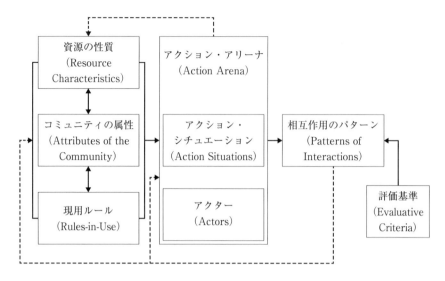

図 5.1　GKC フレームワーク
（Frischmann et al., 2014, p. 19, Figure1. 2 をもとに筆者訳・作成）

tion)」と「アウトカム」は区別されていたが，知識コモンズの場合は両者の区別は困難であるため，GKC では統合されている。換言すると，ここでは「相互作用のパターン」それ自体が一種のアウトカムであるととらえられている。

　以下では，GKC を用いたケーススタディの手順を追いつつ，GKC の各要素のうち特に IAD との違いが大きいものについて概説していく。なお，本項における以降の記述は基本的に Frischmann et al.（2014）および Madison et al.（2019）にもとづく。

5.2.2　社会的ジレンマ

　ケーススタディの手順として，まず当該の事例が直面している社会的ジレンマを把握するところから始めるのが良いとされる。そのために，当該の事例が直面している問題の特徴や歴史の全体像をつかむことが分析の起点となる。こうした情報を得るには，当該事例に関する文献だけでなく，関係者が語る当該事例に関するストーリー（ナラティブ）も有力な情報源となる。

GKC アプローチにおける社会的ジレンマの典型例は先述したフリーライダーの寓話であるが，必ずしもこれに限定されるわけではない。たとえば，既存の知識資源を用いた新たな知識資源の創出をうながそうとする事例では，知識の再生産のサイクルを維持するために，既存の知識資源を生産的に利用する複数のユーザーを絶え間なく確保することが必要となることから，こうした利用者を確保するための調整の問題が生じる。この他にも，知識コモンズは多様な種類のジレンマに直面していることが明らかとなっている。

5.2.3　背景環境

　社会的ジレンマの次は，当該の事例における知識資源には初期状態として特許権や著作権などの知的財産権が適用されるのか，もしくはパブリックドメインなど知的財産権による保護がおよんでいない状態にあるのかを検討する。こうした資源が位置する初期状態のことを「背景環境（Background Environment）」とよび，知的財産権により保護されない状態は「自然な（natural）」環境，保護が適用される状態は「専有的な（proprietary）」環境と区分される。たとえば，知識資源が著作物である場合，その事例は専有的な環境に位置するととらえられる。

　自然な環境か専有的な環境かという背景環境の考え方は，フリーライダーの寓話から導かれる，パブリックドメインか知的財産権かという二分法的な認識の仕方と対応している。しかし，GKC アプローチでは背景環境はあくまで知識コモンズが構築されるベースラインに過ぎない。知識コモンズはそれが位置する背景環境のうえで知識の共同的な生産や管理を可能とする制度であるととらえられる。

　自然な環境の例としては，研究者だけでなく一般の市民も参加することで研究が進められるシチズンサイエンス（citizen science）に関する事例があげられる。個々のバードウォッチャーによる野鳥観察データを集約する eBird や[4]，プラットフォーム上で提示される銀河の写真を所定の基準に即してユーザーが分類する Galaxy Zoo など[5]，シチズンサイエンスのプロジェクトでは個々の参加者は比較的簡単なデータの分類や収集といった作業をおこなう。このような事例は，分類や収集されたデータには基本的に知的財産権が生じないことか

ら，自然な環境に位置することになる。

このとき，フリーライダーの寓話を踏まえるならば，プロジェクトの参加者は自身が生み出した知識をフリーライドされることになるため協力行動をおこなわないことが予期されるが，実際にはさまざまな制度上の工夫がなされることで共同的な知識の生産・管理が実現されている。これは自然な環境を起点とする知識コモンズ構築の典型例であるといえる。

一方で，専有的な環境にある知識コモンズの例としては，特許権が成立している状態を前提として当事者間で相互に相手の特許を自由に利用できるようにする特許プールや，著作権による保護が前提となる状況でオープンライセンスを活用することで実現されるオープンソースソフトウェアの開発コミュニティなどが挙げられる。これらの事例では，特許権や著作権の効力を迂回して知識資源を自由に利用できる状況を作り出すために，コンソーシアムの設立やライセンスの開発・付与といった制度的措置が実施されることになる。

5.2.4 資源とコミュニティの性質

背景環境を明らかにしたら，次はより詳細に GKC の左部クラスターの要素―特に資源とコミュニティ―に焦点を当てる。背景環境も資源の性質を構成する要素ではあるが，ここではまず，そもそも当該の事例における資源は何であるかを特定していく。資源は必ずしも一種類であるとは限らず，異なる性質をもつ複数の資源が一つの事例の中で密接に関連している場合も多い。また，概して知識資源は無体物であるとされるが，それを生み出したり利用したりするには有形の資源が必要となることもある。そのため，各資源を特定するとともに，資源と資源の関係を明らかにすることも重要である。

次いで，こうした資源へのアクセスと利用を管理するコミュニティを明らかにする。コミュニティもまた一つであるとは限らず，複数の資源がある場合，資源ごとに異なるコミュニティが存在することもある。加えて，コミュニティの境界や参加のためのルール（メンバーシップ）がどのように設定されているかも重要な要素である。メンバーシップは公式ルールだけでなく非公式ルールによって規定されることもある。

5.2.5 目的と目標

　資源とコミュニティの性質を明らかにしたら，現用ルールとアクション・アリーナの分析に入る前に，当該事例の目的と目標を把握する。目的と目標は，アクション・アリーナにおいておこなわれる意思決定の性質を規定し，ひいては資源やコミュニティ，現用ルールの性質にも影響を与えうる。「目的（goal）」とは最終的に到達することを目指すものであり，長期的期間でとらえられる。「目標（objective）」とは目的を達成するために設けられる具体的な指標を意味し，短・中期的期間でとらえられる。

　伝統的コモンズの場合，当該コモンズの「目的と目標」は自然資源の維持管理に関するものであることが多い。一方で，知識コモンズの場合は新たな知識資源の創出や，資源の利用に関するコストの低減，共有のプラットフォームの創出など多岐にわたる。なお，知識コモンズの目的と目標は社会的に望ましいものであるとは限らず，カルテルの形成による競合者の排除などが該当する場合もある。

　また，GKCアプローチでは，知識コモンズは必ずしも意図的に構築されるとは限らず，歴史的な偶然によって形成される場合もあることを認めている。後者の場合では，目的や目標は存在しないことも考えられる。さらに，時間の経過に伴って目的と目標が変化していく場合もある。

5.2.6 現用ルールとアクション・アリーナ

　現用ルールとアクション・アリーナはIADアプローチと概して同じ意味でとらえられる。つまり，現用ルールとは公式および非公式を問わず実効的なルールであり，その時々のアクション・シチュエーションのもとで各アクターが相互作用をおこなうことで新たなルールが形成されていく。実際に現用ルールを分析する際には，以下の事項に着目することとなる。

① 当該の知識コモンズの起源・歴史・運営に関するストーリーの詳細
② 資源の配分や調整に関する公式・非公式のルールや慣行
③ 制度の配置
④ 知的財産権法など関連する法体制

⑤ 資源とステークホルダー，制度の間の相互作用の構造

⑥ 紛争解決やその他の規律メカニズム

③でいう制度の配置（institutional settings）とは，たとえば当該の現用ルールがより大規模な制度に「入れ子」になっている場合など，制度と制度もしくは組織と組織の間の関係のことを指す。⑥はコミュニティ内で生じた争いを解決する仕組みやルールの違反者に対する罰則規定などを意味する。

アクション・アリーナの分析に当たっては，ある一つもしくは一セットの資源を複数のコミュニティが連携して管理するような，多極的なガバナンスがおこなわれている場合もあることに留意する必要があるとされる。さらに，当該の事例がより大きな別の組織の中に「入れ子」になっているような場合には，アクション・アリーナ自体が複数存在することもありえる。

また，伝統的コモンズ研究において整備されてきた現用ルールやアクショ

表5.2　制度（現用ルール）の文法

（Crawford & Ostrom, 1995, pp. 583–586; Ostrom, 2005, pp. 139–152; Sanfilippo et al., 2021. p. 18, Table 1. 2 をもとに筆者作成）

要素	説明
A: ATTRIBUTES （属性）	誰にその制度を適用するかを決定する基準となる，個人や組織の属性。たとえば，年齢や所在，性別等。
D: 　DEONTIC 　（義務）	義務論理（deontic logic）における演算子。具体的には，「許可する（may）」「義務付ける（must）」「禁止する（must not）」の3つを指す。
I: 　AIM 　（目的）	その制度が言及している特定の行動やアウトカムのこと。DEONTICが付与されることで，人々が具体的に何をしてもよいか（may），しなくてはならないか（must），してはならないか（must not）が示される。
C: CONDITIONS （状況）	その制度がいつ，どこで適用されるかを定める要素。
O: 　OR ELSE 　（さもなくば）	その制度が遵守されなかった場合の罰則を定める要素。

ン・シチュエーションを分析するためのツールを導入することで，IADアプローチよりも詳細なレベルでの分析をおこなう研究がみられるようになっている（Schweik, 2014; Sanfilippo et al., 2021）。まず現用ルールについて，Crawford & Ostrom（1995）により導入された「制度の文法（a grammar of institutions）」（表5.2）を用いた分析がおこなわれる場合がある。制度の文法は，特に規制に関する制度（現用ルール）一般に含まれる言語的要素を抽象化したものである。実際の制度は事例ごとに非常に多様な形態で存在しているが，制度の文法を用いることで各制度を標準化した形で要約・分析することが可能となる（Ostrom, 2005）。

さらに，制度の文法を踏まえると，現用ルールを「ルール（rules）」「規範（norms）」「戦略（strategies）」の三つに区別してとらえることができるようになる。「ルール」とは，制度の文法のすべての要素（ADICO）が含まれている

表5.3　アクション・シチュエーションにおける現用ルールの分類
（Ostrom, 2005, pp. 193-210; Cole, 2014, p. 57; Schweik, 2014, p. 269, Table 7.3をもとに筆者作成）

ポジションルール （Position rules）	当該事例における各アクターの役割（ポジション）を規定するルール
境界ルール （Boundary rules）	あるポジションにふさわしいのは誰か，そのポジションにふさわしい者を選ぶプロセス，各アクターはそのポジションをどう離れることができるか等を規定するルール
選択ルール （Choice rules）	ポジションをもつ各アクターがそのポジションにおいてするべきこと，してはならないこと，してもよいことを規定するルール
集成ルール （Aggregation rules）	コミュニティ全体として最終的に行動の選択がなされる際，その選択には単一のアクター（e.g. 議長，リーダー）の意思決定が必要なのか，複数のアクターの意思決定が必要なのか（e.g. 全会一致制）を明確化するルール
情報ルール （Information rules）	各アクターの間で伝達される情報の種類や，伝達の方法を指定するルール
応報ルール （Payoff rules）	特定の行動やアウトカムに対して報酬や罰則をあたえるルール
範囲ルール （Scope rules）	ある状況における行動の結果として生じるアウトカムの影響範囲を指定するルール

現用ルールのことである。一方で，「規範」には4要素（ADIC）しか含まれておらず，「戦略」には3要素（AIC）のみが含まれる。5.3.4で後述するように，Sanfilippo et al.（2021）では，以上の現用ルールの区分にもとづいて複数のケーススタディの比較分析が行われている。

アクション・シチュエーションに適用される現用ルールは，制度の文法のうち「AIM」と密接に関連している。Ostrom（2005）では，AIMをさらに掘り下げて，アクション・シチュエーションに作用する現用ルールの種類を分類している（表5.3）。Schweik（2014）はこれを利用して複数の事例のガバナンスの様子を系統的に比較している。

5.2.7 アウトカムと評価基準

アウトカムを特定するのは難しいとしたうえで，GKCアプローチでは当該の事例の目的と目標がどの程度達成されているのかという観点からアウトカム（GKC中では「相互作用のパターン（Patterns of Interactions）」と区別されずにあつかわれる）を特定・評価することが提案されている。そうした知識コモンズのアウトカムには，新たな知識資源の創出といったポジティブなものだけでなく，たとえばカルテルの形成を目的として構築されアウトカムとして第三者が当該の資源を利用するためのコストが上昇するなど，ネガティブなものも考えられる。また，目的と目標に関連するもののほかに，たとえばアクション・アリーナにおける相互作用の結果として確立した現用ルールが後にその業界における標準として機能するようになるなど，副次的なアウトカムが生じることもありえる。

なお，目的と目標に応じてアウトカムの評価をおこなうということは個々の事例に特有な「評価基準（Evaluative Criteria）」を設定することを意味する。しかし，複数の事例を比較分析する際には，個々の事例を横断して適用可能なアウトカムの評価基準を設定する必要がある。換言すると，目的と目標を評価基準として用いるのは当該の事例の内的な基準を利用する方法であるのに対して，事例横断的な基準は個々の事例の外部にあるものであって研究者が設計する必要がある。こうした外的な評価基準の設計は，後述するGKCアプローチの課題の一つである。

5.2.8 標準化されたリサーチ・クエスチョン

　社会的ジレンマの特定からアウトカムの評価に至る以上が，GKC にもとづいてケーススタディをおこなう際の基本的な手順である。IAD アプローチがIAD の各要素と一対一対応させる形でケーススタディをおこなうことを想定していたのに対して，GKC アプローチでは GKC を念頭に置きつつより詳細なレベルで知識コモンズをとらえようとしている。

　また，以上で見てきた手順を要約する形で，ケーススタディをおこなう際のリサーチクエスチョンも策定されている（表5.4）。これらのリサーチクエスチョンは，データ収集のためにおこなうインタビューやサーベイにおいて質問を設計する際，もしくは収集したデータを整理・分析したりケースを記述したりする際の指針として活用することが想定されている。

5.3　GKC アプローチの動向

5.3.1　展開

　GKC アプローチが提起されて以降，GKC を用いたケーススタディが多数の研究者の手で積み重ねられてきている。ケーススタディの対象として多いのは，研究データ―特に生命科学分野におけるデータ―に関する事例である。なかでも，遺伝子情報の共有に関する事例の研究は早くから進められてきた（e.g. Contreras, 2011a; 2011b; 2014）。また，保健医療データや希少疾患に関するデータ，遺伝子組み換えマウスなど，医療研究に関するデータやその他の資源に関する事例の研究も多くみられる（e.g. Abbott, 2017; Bubela et al., 2017; Strandburg et al., 2014）。ほかに，研究者ではない一般の市民が参加しておこなわれる研究プロジェクトであるシチズンサイエンスを対象とする研究もなされている（Madison, 2014）。

　研究データをはじめとする学術情報に関する事例は，知識コモンズの典型である。一方で，GKC アプローチでは典型的ではない多様な事例を対象とするケーススタディもおこなわれている。たとえば，第一次・第二次世界大戦期のカナダにおいて戦時体制が知識コモンズ型のイノベーションシステムを生み出した経緯を特に軍隊に焦点を当てて分析している研究（Piper, 2014）や，ロー

表5.4 代表的リサーチ・クエスチョン
（Frischmann et al., 2014, pp. 20-21 をもとに筆者訳・作成）

背景環境
• このコモンズの背景にはどのような（法的，文化的，もしくはその他の）文脈があるのか？
• そのような文脈の中で，コモンズに関わる資源の初期状態はどのようなものか（特許や著作権が付与されるのか，オープンか，それ以外か）？

属性
資源
• どのような資源がプールされ，どのように作成または取得されるのか？
• 資源の特性は何か？　競合的か非競合的か，有形か無形か？　共有のインフラは存在するか？
• 資源の作成，入手，維持，利用に必要な技術やスキルは何か？
コミュニティのメンバー
• コミュニティのメンバーは誰で，その役割は何か？
• コミュニティのメンバーや一般の人々に対してどの程度・どのようにオープンか？
目的と目標
• コモンズとそのメンバーの目的や目標，克服すべき障害やジレンマは何か？
• コモンズの歴史やナラティブはどのようなものか？

ガバナンス
• 関連するアクション・アリーナは何か？　それはコモンズの目的・目標，さまざまなタイプの参加者間や一般市民との関係性とどのように関わっているのか？
• ガバナンスの仕組み（メンバーシップのルール，資源への貢献や資源の抽出に関する基準・要件，紛争解決の仕組み，ルール違反に対する制裁など）はどのようなものか？
• 意思決定者は誰で，どのように選ばれているのか？
• 意思決定を構造化・統治する制度や技術的なインフラは何か？
• コモンズを統治する非公式の規範はどのようなものか？
• メンバーでないものはコモンズとどのように関わっているのか？　どのような制度がそうした相互作用を規定しているのか？
• どのような法的構造（e.g. 知的財産，補助金，契約，ライセンス，課税，独占禁止法など）が適用されるか？

パターンとアウトカム
• メンバーやその他の人間にどのような利益をもたらすか（e.g. イノベーションや創造的なアウトプット，生産，共有，より広い層への普及，コモンズから生じる社会的相互作用）？
• 負の外部性を含め，そのコモンズにはどのようなコストとリスクがあるのか？

ラーダービーを知識コモンズとしてとらえた研究（Fagundes, 2014），アメリカの議会における法案作成プロセスを知識コモンズとして位置づける研究（Daniels, 2014）などが挙げられる。

　ケーススタディ以外にも，「知識コモンズ」を知識資源のガバナンスの種類とみなす GKC アプローチの考え方にもとづいて，応用的な研究が試みられている。マディソンは，研究者や実務者，政策決定者などがデータガバナンスの問題を検討する際のツールとして GKC を利用することを提案している（Madison, 2020）。ここでいうデータガバナンスの問題とは，「どのようにデータを生み出し，保存し，移管し，利用するべきか」（Madison, 2020, p. 29, 筆者訳）ということを意味する。

　また，遺伝子情報の共有の分析や実務に知識コモンズ研究の知見を取り入れてきたコントレラス（Contreras, J. L.）とライシュマン（Reichman, J. H.）は，研究データ共有のための制度を分権的な知識コモンズとして設計することを提案している。高クオリティなリポジトリを整備して中央集権的に研究データを管理・共有することはデータの価値を高めるが，往々にして予算的・法的なコストが障壁となる。こうした場合に，相対的にコストを抑えつつ研究データを共有する仕組みとして分権的な知識コモンズが有効であるとして，Contreras & Reichman（2016）では制度設計のための枠組みが示されている。

　IAD アプローチと同様に，GKC アプローチについてもその知見を社会実装する事例が現れている。学術的な単行書のオープンアクセス出版――単行書をインターネット上で誰もが無償でアクセスできる形で出版すること――を促進するためのプロジェクトである COPIM（Community-led Open Publication Infrastructures for Monographs）では，GKC アプローチの研究成果を踏まえた取り組みを行なっている。COPIM をはじめオープンアクセス出版と知識コモンズ研究の関わりについては 8 章であらためて説明する。

5.3.2　現在までの成果

　ケーススタディの蓄積の結果として，GKC アプローチでは現在までに以下のような理論的な知見が得られている（Strandburg et al., 2017; Madison, et al., 2019）。

第一に，知識コモンズはフリーライダーの寓話以外にも多様な社会的ジレンマに直面していることが明らかとなった。5.2.2で述べた調整の問題はその一例である。他にも，学術情報に関して研究分野や研究対象の性質に起因するジレンマが報告されている。たとえば希少症例に関する研究では，研究者や研究対象である患者の絶対数が少ないうえに世界各国に分散しているため，研究を進めるためには知見やデータを共有する必要があるが，経済的コストや国による法制度の違いが障壁となる。こうした状況を克服するために，知識コモンズとしてコンソーシアム等の組織が設立されることとなる。

　また，知識資源自体には控除性（競合性）がないと想定されることが多いが，実際の知識コモンズでは競合的な要素（たとえば，資源を創出するのに必要となる資金・時間や，資源のオーサーシップなど）を関係者間で配分する必要がある場合も多い。こうした事例では，競合的な要素の枯渇という，伝統的コモンズが直面していたのと性質の近い社会的ジレンマが生じている。さらに，一つの事例が複数の異なる社会的ジレンマに直面している場合があることも指摘されている。

　第二に，インフラは知識コモンズに関して重要な役割を果たしていることがわかっている。たとえば，知識コモンズは第三者が提供・公開しているプラットフォームやデータベースなどの技術的なインフラに依拠していることも多い。このとき，その知識コモンズにおけるガバナンスの仕組みはアクターの意思決定の結果として形成されるだけでなく，依拠しているインフラの仕様によっても規定されうる。そのため知識コモンズを分析する際には，関連するインフラやそのインフラを管理・提供する主体の性質も考慮する必要があることが指摘されている（Morell, 2014）。

　第三に，知識コモンズのメカニズムは時間とともに変化していくことが報告されている。この変化は，参加者の増加や生み出された知識資源がもたらすアウトカムなどによってもたらされる。変化の結果として，たとえば当初はコミュニティ内の規範などインフォーマルな現用ルールに多くを負っていた事例が，次第にフォーマルなルールを整備していく場合があげられる。ただし，必ずしも変化の方向性はインフォーマルからフォーマルな方向へと向かうわけではなく，その逆も起こりうる。

また，これと関連して知識コモンズとその外部の環境の関係の変化について
も知見が得られている。たとえば初期の航空機産業では，発明の成果を特許権
により保護することで企業間・国家間で競争が行われていたのと並行して，開
発に関する知見を知識コモンズとしてオープンに共有していたことが報告され
ている（Meyer, 2014）。特に産業界との関係で見ると，その産業の初期段階に
おいて知識コモンズが重要な役割を果たしていることがわかってきている。

　第四に，知識コモンズの成立にはある特定の個人のリーダーシップが重要な
役割を果たす場合があることが指摘されている。このことは，歴史学的な手法
—特に個人史的な手法—が知識コモンズ研究にも有効な場合があることを示唆
している。

　この他にも，知識コモンズとその外部にある法制度などのシステムとは複雑
な関係性をもつこと，知識コモンズに関与する個人のモチベーションは多様で
あること，知識コモンズと国家は時として密接に関連する場合もあること等が
明らかとなってきている。特に最後の点について，伝統的コモンズ研究や従来
の知識コモンズ研究では，国家とコモンズは相互排他的であるか，もしくは国
家はコモンズに関してあくまで周辺的な存在としてとらえられてきたが，生命
科学分野の研究データに関する事例では国家がコモンズの成立に際して重要な
役割を果たしていることが報告されている。

　現在までに，多様な事例を対象として異なる専門分野に属する研究者が
GKC に基づくケーススタディを進めており，以上で見たような知見が蓄積さ
れるようになっている。このことから，IAD アプローチ以降の実証的な知識
コモンズ研究は，GKC アプローチにおいて順調に進展していると評価できる。
他方で，次にみるような課題の存在も指摘される。

5.3.3　課題

　マディソンらは GKC アプローチの課題点をいくつか列挙している（Madison
et al., 2016）。このうち特に重要なのは，ケーススタディにより蓄積された個々
のケースの体系化という課題である。GKC アプローチおよびその母体となっ
たオストロムによるコモンズ研究の方法論がケース間の比較分析を基本として
いることを踏まえると，この課題は個々のケースを比較するための手法の導

入・確立と言い換えることができる。社会科学においては，一致法（method of agreement）や差異法（method of difference）を基本とするケース間の定性的な比較手法が広くおこなわれているほか（cf. George & Bennett, 2013），各ケースをブール代数で表現して比較をおこなう質的比較分析（Qualitative Comparative Analysis）という手法も提唱されており（cf. Rihoux & Ragin, 2009），これらの方法はGKCアプローチにも有効であると考えられる。

　ただし，比較を効果的におこなうためには制度の類型化を進める必要がある。知識コモンズは伝統的コモンズと比べて他の種類の制度と複雑な関係をもつ場合がより多いことから，伝統的コモンズ研究では私的所有制や公的所有制などのコモンズ以外の種類の制度とコモンズ（共的所有制）とが明確に区分されていたのと違い，知識コモンズ研究では知識コモンズと他の制度との差異はまだ不明瞭である部分も多い。さらに，5.1.3で述べたように，知識コモンズ自体にもバリエーションが存在することが想定される。そのため，ケース間を比較する際に，そのケースが何のケースであるのか—知識コモンズなのかそれ以外の種類の制度なのか，またはどのような種類の知識コモンズなのか—を把握しなければ，比較の結果得られた仮説や理論がどの範囲のケースにまで当てはまるのかを判断することが難しくなる。したがって，「知識コモンズ」を大まかにでも類型化してとらえることは，比較分析を進めるために重要なステップとなる。

　また，定性的なケース間の比較分析をおこなう際にも，あるいは今後定量的なデータを大規模に収集できるようになったとしても，個々の事例の評価基準を検討することは重要な課題である。IADアプローチでは評価基準に関する知見が欠けていることを4章で述べたが，この課題はGKCアプローチでも十分に解決されたとは言い難い。実際に知識コモンズと他の制度または種々の知識コモンズを比較してある制度の利点を明らかにしようとする場合には，研究者が任意で外的な評価基準（たとえば，資源の分配の公平性や持続可能性，社会関係資本の蓄積など）を設定することが重要となる。こうした操作を適切におこなうには，個々の事例内で関係者が何を評価の基準としているか（つまり内的な評価基準）を踏まえた試行錯誤が求められる。

　この他にも，①一見すると知識コモンズとは思えないように逸脱的な事例を

対象とするケーススタディをおこなうこと，②知識コモンズの時系列的変化を
さぐる縦断的な研究をおこなうこと，③知識コモンズとそれが依拠するインフ
ラの関係に関する分析を進めること等が今後の研究の方向性として示されてい
る（Madison, et al., 2019）。①について，先に述べたローラーダービーや法案作
成プロセスに関する研究はその好例である。従来の知識コモンズ研究の枠から
は外れるような逸脱的な事例をあつかうことで，「何が知識コモンズであるの
か」を明らかにするための重要な示唆を得られる可能性がある。②について，
やはり先述したカナダの戦時体制下におけるイノベーションシステムに関する
研究や航空機産業に関する研究が好例となる。長い時間軸の中で知識コモンズ
をとらえた研究はまだ少ないため，そのメカニズムに関する新たな知見を得ら
れることが期待される。③について，5.3.2 で述べたように知識コモンズのあ
りようにインフラが与える影響は大きいと考えられるが，現在の GKC ではイ
ンフラの役割について明示的に焦点を当ててはいない。そのため，インフラを
分析するためには別途その方法を検討する必要がある。

5.3.4 プライバシーへの接近

　GKC アプローチはフリーライダーの寓話という知的財産権法に関する社会
的ジレンマを念頭に提唱された方法論であった。他方で，データや情報の管理
においては，プライバシーに関する制度を考慮することも重要となる。GKC
アプローチを含め，これまでの知識コモンズ研究ではプライバシーに関する制
度を中心的な研究課題として取り扱ってはこなかったが，最新の動向としてプ
ライバシーに関する事例も知識コモンズとしてとらえて GKC を適用すること
が試みられるようになっている（e.g. Sanfilippo et al. (Eds.), 2021）。なお，ここ
でいうプライバシーには個人情報も含むものとする。
　一般的に，プライバシーは制約やコントロールを想起させる言葉である。こ
れに対してコモンズは，オープンや共有というイメージと紐づけて用いられる
ことが多い。しかし，プライバシーに関する研究のなかには，プライバシーを
「個人に関する情報の適切なフロー（appropriate flow）」（Nissenbaum, 2009, p.
127, 筆者訳）としてとらえるものもある。この理解に立つとき，プライバシー
も知識の共有という文脈のうえでみることができるようになる。

同様に，知識コモンズのもとにある知識資源は完全にオープンな状態で管理
されることはむしろ稀であり，何らかの制約を課すことで当該の資源を共有し
ている事例が多い。このとき，知的財産権と同様にプライバシーに関する諸権
利があることを前提としたうえで知識資源の共有を進めるような事例が存在す
ることも想定される。現在の GKC アプローチはこうした事例についても
GKC を用いたケーススタディにより分析の視野に収めるようになっている。

　GKC アプローチをプライバシーへと拡張する方法を論じた Sanflippo, et
al.（2021）では，まずプライバシー研究のためにニッセンバウム（Nissenbaum,
H.）が開発した文脈的整合性フレームワーク（contextual integrity framework）
（Nessenbaum, 2009）と GKC の共通点と差異を検討することで，GKC をプラ
イバシーに関する事例を分析するための概念的な整理がおこなわれた。次いで，
表 5.2.6 で示した制度の文法と，Solove（2002）により提起されたプライバシ
ー概念の分類を組み合わせることで，ある事例におけるプライバシーに関する
制度を標準化された形式で記述する方法が設定される。そのうえで，過去に
GKC アプローチにおいて蓄積されてきたケースのうち個人に関する情報を取
り扱っているものを選び，プライバシーに焦点を当てた再分析がおこなわれて
いる。また，こうした方法論の登場にともない，GKC を用いてプライバシー
に焦点を当てた新たなケーススタディが蓄積されるようになっている（Sanflip-
po, et al.（Eds.）, 2021）。

5.4　小括

　GKC アプローチは，伝統的コモンズ研究がコモンズの悲劇への反証として
発展していったことにならい，知識資源の管理に関する通説をフリーライダー
の寓話として整理したうえで，それへの反証として知識コモンズ研究を進めて
いこうとする戦略をとっている。GKC アプローチの基本的な研究方法は，
IAD を知識コモンズの性質に即して修正した GKC というフレームワークにも
とづくケーススタディと，これにより蓄積されたケースの比較分析である。
IAD アプローチでは知識コモンズについての明確な定義が示されていなかっ
たのに対して，GKC アプローチでは知識コモンズを知識の生産や共有を管理

するコミュニティ・ガバナンスとしてとらえている。ガバナンスのありようは制度という形で体現されることから，GKC アプローチの関心の比重は制度に置かれているといえる。

　本章では，GKC アプローチの基本的な考え方や方法論を説明するとともに，その近年の動向についても概観した。GKC アプローチにはいくつかの課題も見られるものの，多くの研究者が同アプローチにもとづく研究を進めており，理論的な知見が形成されつつある。また，これまでの知識コモンズ研究は知的財産権法と密接に関連してきたといえるが，特にここ数年の研究では，その理論的射程をプライバシーに関する制度へと拡張しようとする試みがみられる。このことから，GKC アプローチもまた大きな変化の途上にあると考えられる。

注
1)　ただし，時期によって異なるよび方がされている。たとえば，Frischmann et al.（Eds.）（2014）の出版時点では，「知識コモンズフレームワーク（Knowledge Commons Framework）」という名称が用いられていた。本書では，最近の文献（e.g. Sanfilippo et al.（Eds.）, 2021）で用いられる名称である「GKC フレームワーク」で統一することとする。
2)　これは厚い記述（thick description）とよばれるアプローチである。
3)　https://knowledge-commons.net/
4)　https://ebird.org/home
5)　https://www.zooniverse.org/projects/zookeeper/galaxy-zoo/

第Ⅱ部

知識コモンズ研究の応用と実践

6章　GKC アプローチにもとづく
研究データガバナンスの分析

　第Ⅰ部でみたように，IAD アプローチや GKC アプローチの基本的な研究方法はフレームワークに基づくケーススタディであった。本章では，GKC アプローチの応用的な研究の例として，著者自身が日本の研究データリポジトリを対象におこなった研究について概説する（Nishikawa, 2020; 西川, 2021）。GKC アプローチの知見を用いることで何が言えるようになるかを示す事例の一つとしてご覧いただきたい。

　この研究は，日本の研究データリポジトリにおける研究データガバナンスの現状を明らかにすることを目的として実施されたものである。また5章では，GKC アプローチが直面する課題として事例間を比較分析する方法の導入が求められており，そのためには知識コモンズの類型化を進める必要があることを述べた。本章で概説する研究は，これらの課題に対応するものでもある。

　以下，6.1 では GKC を用いて日本の研究データリポジトリを知識コモンズとして位置づける。6.2 では，複数の事例を比較して研究データリポジトリを分析するための理論的な枠組みを構築する。6.3 では，6.2 でつくった枠組みを実証的な分析に適用するための手順について説明する。6.4 では，分析の結果をもとに日本の研究データガバナンスの現状と分析の含意・限界について考察する。最後に 6.5 において，本章の要点をまとめる。

6.1　知識コモンズとしての研究データリポジトリ

　本節では，6.1.1 において本研究の基本的な用語の整理をおこなったうえで，6.1.2 以降で日本の研究データリポジトリを知識コモンズとして位置づけてい

く。本節は，6.2以降でおこなう複数の事例間の比較分析のための基礎作業であるとともに，5章で説明したGKCにもとづくケーススタディの部分的な実践例とみなすことも可能である[1]。

　本節では説明の便宜上，日本の研究データリポジトリを取り巻く背景状況からはじめて（6.1.2），その目的と目標（6.1.3），背景環境（6.1.4），直面する社会的ジレンマの順に記述していく（6.1.5）。そして本節の最後に，日本の研究データリポジトリの知識コモンズとしての性質をまとめる（6.1.6）。

　なお，本来であればGKCアプローチでは個々の事例が置かれる特殊な状況を掘り下げて記述することが基本となるが，本研究では複数の事例の比較分析をおこなう都合上，個別事例を掘り下げるのではなく，日本の研究データリポジトリ一般の状況を概観することとする。

6.1.1　用語の整理

(1) 研究データ

　研究データ（research data）とは，研究の成果として生み出されるデータのことである。ただし，研究分野の慣行やどの時点でデータをとらえようとするかによって，「データ」が指す対象は大きく異なるため，研究データについての唯一絶対の定義は存在しない（Borgman, 2015）。

　本研究では研究データを，研究成果である論文や書籍の根拠となるものであり，研究の過程において収集・作成されるものとして広くとらえる。データの内容は特に限定せず，たとえば遺伝子情報やアンケートの回答結果，ソフトウェアのコードなど多様な対象を含むものとする。また，本来であれば研究データにはデジタルのものとアナログなものの双方が含まれるが，本研究ではデジタルなデータを対象とする。このとき，データの形式はやはり限定せず，たとえばテキストや画像，音声，動画，3Dなどといった多様な種類を含むこととする。

(2) 研究データリポジトリ

　本研究の対象である研究データリポジトリ（research data repository，以下リポジトリ）とは，研究データを管理・保存するための情報基盤のことである。

狭義には管理・保存用のソフトウェアに相当するが，広義にはソフトウェアに加えて関連する制度や仕組み，運営を担う組織体などを含む。本研究では広義の用法でリポジトリという語を用いることとする。また，リポジトリにはさまざまな種類が存在し，そのなかには4章でみた機関リポジトリも含まれる。

なお，5章でみたように，GKCアプローチでは知識コモンズという用語をガバナンスのことを指す概念として用いている。この理解にしたがうと，本研究の分析対象は正確には「日本の研究データリポジトリにおける研究データガバナンス」となるが，表記が煩雑となることから，本章では便宜的にリポジトリという言葉を用いることとする。ただし文脈によっては，同じく分析対象を表す言葉として研究データガバナンスを用いる。

(3) 研究データガバナンス

データガバナンス（data governance）とは，広義にはデータの管理のありようを規定することを指す用語である。データガバナンスを構成する具体的な要素としては，データの品質やセキュリティ，データを保存するストレージ，データを管理する組織の方針，管理を担当する部署や人員の権限など多数の項目があげられる（Abraham et al., 2019）。このなかには，後述するような，どのデータをオープンもしくはクローズにするべきかというオープン・アンド・クローズ戦略の策定に関する問題も含まれる。本研究は特に研究データに焦点を当てることから，研究データに関するデータガバナンスという意味で研究データガバナンスという言葉を用いる。

6.1.2　日本の研究データリポジトリを取り巻く状況

日本の研究データリポジトリは，オープンサイエンスの推進という文脈で整備が進められている。オープンサイエンス（open science）とはICT技術の進展を踏まえた研究活動の新たなあり方に関する包括的な概念である。オープンサイエンスには多様な定義の仕方が存在するが，多くの定義に共通して見られる要素として，研究データのオープン化と論文のオープンアクセス化があげられる。このうち，研究データリポジトリと関連するのは前者の研究データのオープン化である。

ここでいうオープン（open）とは，一般に「あらゆる人が自由に閲覧し，利用し，修正し，そして共有できること」（Open Knowledge Foundation, 2015）を意味する言葉であり，特にインターネット上でデータを公開することを念頭に置いて用いられることが多い。日本では，2016年から2020年にかけての科学技術政策の基本方針を定めた「第五期科学技術基本計画」（内閣府, 2016）以降，オープンサイエンスの推進が政策目標の一つとして設定されている。加えて，年度ごとのより具体的な施策を定めた政策文書である「統合イノベーション戦略」（e.g. 内閣府, 2018a）において，リポジトリを研究データをオープン化するための基盤として位置づけ，その整備を目標として設定している。また，リポジトリのなかでも特に機関リポジトリを活用するという方針が示されている。

　ただし，政策ではすべての研究データを一律でオープン化することを目指しているのではなく，研究分野ごとの特性に応じてオープン化するべきものとオープン化せずに保護しておく（つまりクローズにする）べきものとを分別した戦略が策定される必要があり，その戦略を考慮しつつオープン化を推進するという姿勢がとられている。こうした戦略は「オープン・アンド・クローズ戦略」とよばれ（内閣府, 2016），戦略策定の担い手としては研究コミュニティが想定されている（日本学術会議, 2016）。

　また，研究データのオープン化を推進する具体的な施策として，上述のリポジトリの整備とあわせて，研究データポリシー（research data policy）策定の推進があげられている（e.g. 内閣府, 2018a）。研究データポリシーとは，研究機関単位でまとめられた研究データの管理・利活用についての方針である（内閣府, 2018a）。このとき，個々の研究機関が研究データポリシーを策定できるようにするために，内閣府より国立研究開発法人[1]に向けたガイドラインが整備されているほか（内閣府, 2018b），大学ICT推進協議会より大学におけるポリシー策定に関する提言が公開されている（大学ICT推進協議会, 2019）。

　さらに，以上の政策方針はボトムアップの動向とも密接に関わっている。たとえば日本学術会議は断続的にオープンサイエンスに関する提言をおこなっている。2014年の提言では研究データをオープン化する際の形式などが（日本学術会議, 2014）[2]，2016年には上記のオープン・アンド・クローズ戦略の必要性を踏まえたオープンサイエンスのあり方などが（日本学術会議, 2016），2020年

にはデータに関する法制度の整備などが（日本学術会議, 2020），それぞれ論じられている。また，研究者や図書館員など研究データのステークホルダーから構成されるコミュニティである研究データ利活用協議会（RDUF)[3] は，研究データの利用に関する条件を定めるためのガイドラインや（研究データ利活用協議会, 2019），内閣府との共同でリポジトリの整備に関するガイドラインを策定している（内閣府, 2019a)。後者のガイドラインでは，当該リポジトリのミッションや研究データポリシーの策定をリポジトリ整備の際の要件として定めている。

6.1.3 目的と目標

　目的（goal）とは最終的に到達することを目指す先であり，目標（objective）とは目的を達成するための指標のことであった。このとき，6.1.2でみた近年の動向を踏まえると，日本のリポジトリの「目的」は概して研究データをオープン化することにあると考えられる。このことは，6.1.2でみたように，2015年以降の科学技術政策の基本方針ではオープンサイエンスの推進という文脈のもと研究データのオープン化が政策目標とされており，そのための具体的な施策としてリポジトリの整備が推進されていることからうかがえる。一方の「目標」としては，上記の目的を達成するためのより具体的な取り組みである，オープン・アンド・クローズ戦略の確立やそれを踏まえた研究データポリシーの策定に相当すると考えられる。

6.1.4 背景環境

　5.2.3でみたように，背景環境は知的財産権による保護がおよんでいない「自然な」環境と，知的財産権が成立していることが前提となる「専有的な」環境に大別される（Frischmann et al., 2014)。日本の研究データガバナンスは概していずれの環境に位置すると考えられるだろうか。

　一般的に，データは自由に利用可能なものであって，データを保有する者は他者によるデータの利用について権利の主張はできないといわれている（福岡・松村, 2019)。データの種類・性質は多様であるため場合によっては法律や契約等により保護されうるが，オープンサイエンスに関する政策文書をみると，

基本的には「研究データは著作物ではないため，CC0 を採用することが望ましい」（内閣府, 2015, p. 18）という考え方が採用されている。3. 2. 3 で述べたとおり，CC0 はクリエイティブ・コモンズによって提供される権利を放棄するためのツールである。CC0 を付与するということは，権利者が対象となる知識資源について「いかなる権利も保有しない」ことを宣言することを意味する[4]。つまり，CC0 が付与された研究データはパブリックドメインにあることが明示された状態にある。同様に，RDUF の「研究データの公開・利用条件指定ガイドライン」（研究データ利活用評議, 2019）も主に著作物ではない研究データを想定して策定されている。

　内閣府（2015）ではデータベース等について著作権が発生しうる場合も想定されているものの，以上から日本の研究データリポジトリにおける研究データは多くの場合に著作物ではないことが予期される。また，特許法も著作権法と並んで知識コモンズ研究でよく焦点の当てられる知的財産権法の一角であるが，著作権法と同様，研究データは原則として特許の対象となる発明には該当しないと解される（福岡・松村, 2019）。例外的に，当該のデータが「プログラムに準ずるもの」（特許法 2 条 3 項 1 号・4 項）に相当する場合は特許の対象となりえるが，やはり著作権法の場合と同様，研究データは特許権が所与となる「専有的な」環境にはないと考えられる。

　また，GKC アプローチでは当該資源について知的財産権による保護が適用可能であるがあくまで周辺的な役割しか担わない場合も「自然な環境」と見なすことが分析上有用であるとされる（Frischmann et al., 2014）。この点も踏まえると，上述のように研究データに関しては知的財産権法はあくまで周辺的な役割を担うにすぎないとみなせるため，本章では日本の研究データリポジトリは概して自然な環境に位置していると考える。

　ただし，個々の事例で扱われる研究データの性質によっては，知的財産権法のほかにも不正競争防止法や民法，個人情報保護法，肖像権・パブリシティ権の法理が適用されうる。また，たとえば絶滅危惧種に関する情報など，各々の研究分野において公開を制限する慣習が存在することも報告されている（研究データ利活用協議会, 2019）。

6.1.5 社会的ジレンマ

　日本の研究データリポジトリが直面している社会的ジレンマをさぐるには，日本の研究者が研究データのオープン化に関して抱いている意識を調査した先行研究が参考となる。池内・林（2020）では，人文学や社会科学，自然科学の各分野に属する日本の研究者を対象として 2016 年と 2018 年にそれぞれおこなわれた研究データの公開実態に関する調査結果が報告されている。結果をみると，日本の研究者がデータを公開する主な理由として最も多く選ばれているのは「研究成果を広く認知してもらいたいから」である一方で，データ公開をしなかった主な理由としては「論文を投稿した雑誌のポリシーではないから」，「ニーズがないと思うから」，「所属機関にポリシーがないから」，「時間がないから」，「業績にならないから」があげられており，また「引用せずに利用される可能性」や「先に論文を出版される可能性」がデータ公開にかかる懸念であるとされる。

　以上を踏まえて，日本の研究データのオープン化に関する社会的ジレンマを個々の研究者の視点から想定すると次のようになる。一般に，研究データのオープン化が進展することにより個々の研究者が得ることができる潜在的な利益は，研究成果が広く認知されることにともなう被引用数の増加として想定される。しかし，ポリシーが存在しないため提供データの法的状態が不明瞭であることや，時間的コストがかかること，オープン化自体は直接的に業績評価に結びつかないこと，引用せずに当該データを利用されること（フリーライド）等の要因により，個々の研究者にとっては研究データを公開しないことが合理的な選択となりうる5)。そのため，「科学者コミュニティからの主体的な関与はまだ少ないことが課題」（日本学術会議, 2020, p. 4）であると指摘されるように，このままでは研究データのオープン化は十分に進展しないこととなる。

6.1.6 知識コモンズとしての性質

　本章における以上の議論を踏まえると，日本の研究データリポジトリはどのような知識コモンズであると位置づけられるであろうか。

　まず，リポジトリの「目的」は研究データのオープン化の推進である。「背景環境」は基本的に知的財産権法の保護下にない「自然な」環境であるが，い

くつもの例外が存在するため個々のデータセットの法的状態は必ずしも明確であるとはいえない。また，研究データの作成・公開の主体であり，リポジトリにおける研究データの管理主体ともなりえる個々の研究者は，研究データのオープン化に際して6.1.5でみた社会的ジレンマに直面している。このときリポジトリは，ポリシーを策定することにより研究データの公開に関する法的状態の明確化を図ったり，標準化や各種ツールの導入により研究者がデータを公開・管理するコストを低減したりすることで社会的ジレンマの解決を目指す，一種の制度的措置（5.1.3参照）であると考えられる。なお，リポジトリにおいて「資源」と「コミュニティ」に相当するのが何であるかについては6.2で論じる。

　以上が日本の研究データリポジトリを知識コモンズとしてとらえた概要である。ただし，本節の冒頭で述べたように以上はあくまで次節以降における事例横断的な比較分析のための操作にすぎない。実際の各リポジトリは研究データの性質や所管組織の性質に応じて，それぞれに特殊な状況に直面していることが予想される。

6.2　研究データガバナンスの現状分析の方法

　6.1では，日本のリポジトリは「オープン・アンド・クローズ戦略」を踏まえつつ研究データのオープン化を目指していることを示した。このとき，6.1.2で整理したようにオープン化を推進するための方策については議論の蓄積がある一方で，こうした方策を受けて実際のリポジトリがどう研究データをガバナンスするようになっているのかは不透明である。研究データガバナンスの現状を明らかにするには複数のリポジトリを俯瞰的にとらえる実証的な分析が必要となるが，「ガバナンス」は多様な要素を含む複合的な概念であるため，そのままでは分析をおこなうことは困難である。

　これを踏まえて，6.2ではGKCアプローチの知見を応用することで，日本の研究データガバナンスの現状を分析するための理論的な枠組みを導出する。6.2.1では，リポジトリにおける研究データガバナンスを分析するために，GKCアプローチの理論的な知見を整理し，暫定的な枠組みを構築する。6.2.2

では，理論的な枠組みと実証分析を結びつけるために，FSITA とよばれる手法を導入する。6.2.3 では，FSITA の実施手順に即して，6.2.1 で構築した枠組みを集合として表現しなおす。

なお，本節は，6.3 以降の議論を追うために必要な情報を最小限説明するにとどめる。FSITA をはじめとする方法の詳細については，Nishikawa（2020）や西川（2021）を参照されたい。

6.2.1 GKC アプローチの知見にもとづく研究データガバナンスの分析枠組み

5.1.4 で述べたように，GKC アプローチにおいて「ガバナンス」は，①オープン性，②一般的なガバナンスの構造，③「アクション・アリーナ」に適用されるルール・規範という 3 つの観点から分析できるとされる。ここでは，研究データが置かれている文脈と最も親和性の高いオープン性の観点から日本の研究データリポジトリにおける研究データガバナンスを分析するための理論的な枠組みを構築することとする。

GKC アプローチでは，オープン性はさらに資源のオープン性とコミュニティのオープン性に区分されていた。研究データリポジトリを対象とするとき，「資源」に該当するのは研究データである。このとき，資源のオープン性は，当該のリポジトリにおいて研究データはどの程度オープンな状態で管理されているかを意味する。

他方で，コミュニティはさらに利用者・管理者・貢献者コミュニティの 3 種類に大別されていた（Frischmann et al., 2014; Ostrom & Hess, 2007）。研究データリポジトリの場合，利用者とは当該のリポジトリにおける研究データの利用者に当たる。管理者は，リポジトリにおける研究データの扱いに関して意思決定をおこなう者に相当する。貢献者は，当該のリポジトリに研究データを提供する研究者に当たる。このとき，コミュニティのオープン性とは，それぞれのコミュニティに所属していない者が，当該のコミュニティに参加する際の障壁の程度を指す。

また，5.3 で述べたように GKC アプローチによる研究が進むなかで，オープン性をとらえるには資源とコミュニティに加えてインフラも重要な要素であることが指摘されるようになっている。インフラストラクチャー（infrastructure）という語はもともと道路や電力網，通信ネットワークといった物理的な基盤を指していたが，近年では知識資源の生産・流通に関する非物理的な基盤—たとえばデータベースや技術標準など—も包含するようになっている（Borgman, 2015; Frischmann, 2013）。知識コモンズ研究においてインフラは，概して資源の創造や共有を支える基盤（オンラインプラットフォームなど）を意味する概念として用いられてきたが，時として知識コモンズと同義に用いられることもあり（Borgman, 2015），その理論的な位置づけについて混乱がみられた。

インフラと知識コモンズの関係に焦点を当てた研究を進めてきたモレル（Morell, M.F.）は，インフラのオープン性を資源やコミュニティのオープン性にも影響を与える独立した要素としてとらえている（Morell, 2010: 2014）。オンラインプラットフォームをインフラの例に取ると，インフラがオープンであればコミュニティは当該のプラットフォームに関する規約や仕様の変更に関与することができるが，クローズドである場合はインフラの提供者がコミュニティを考慮することなく規約や仕様を自由に変更することができる。ここでいう「インフラの提供者」とは，「技術的，法的，そして経済的に（インフラを）維持する」（Morell, 2014, p. 299，筆者訳，カッコ内の語は筆者による追記）者を指す。

研究データリポジトリの場合，ソフトウェアとしてのリポジトリがインフラに該当する（内閣府, 2020）。また，インフラの提供者は当該リポジトリの運営組織やボードメンバーに相当すると考えられる。このとき，リポジトリの提供に参画することが可能（オープン）であるかどうかはコミュニティや資源（研究データ）のオープン性に影響をおよぼすと考えられるため，モレルによる研究と同様に，本章でもインフラのオープン性をリポジトリにおける研究データガバナンスのありようを構成する要素の一つとして位置づける（Morell, 2010: 2014）。

以上から，本研究では日本のリポジトリにおける研究データガバナンスを，①資源（研究データ）のオープン性，②コミュニティのオープン性，③インフラのオープン性という三つの次元からとらえることとする。6.1.2 でみたこれまでの日本の政策動向では，「オープン」を「資源のオープン性」の1次元のみでとらえてきたといえる。これに対して，本研究ではコミュニティとインフラという次元も考慮に入れることで，「オープン」という概念を複合的・立体

的にとらえつつ，研究データガバナンスの分析をおこなう。なお，分析に際して実証的データを収集する際は，これら三つの次元をさらに細分化して指標を設定することとなるが，詳細については6.3であらためて説明する。

6.2.2　集合論を用いた事例間比較分析の方法：FSITA

　6.2.1で導出した，研究データガバナンスを3次元のオープン性という観点からとらえるという枠組みを実際のリポジトリを対象とする実証的な分析に適用するには，両者をつなぐ方法論が必要となる。ここではFSITA（Fuzzy-set Ideal Type Analysis）という，集合論を基礎とする事例間比較のための方法を用いることとする。FSITAは質的比較分析（Qualitative Comparative Analysis, QCA）とよばれる方法をルーツとして，これをさらに制度やガバナンスの分析に特化させたものであり，政策科学分野を中心に社会科学の諸分野において用いられている（e.g. An & Peng, 2016; Ciccia, 2017; Ciccia & Verloo, 2012; Hudson & Kuehner, 2013; Huh et al., 2018; Kowalewska, 2017; Kvist, 1999: 2007; Vis, 2007）。

　FSITAを実施する際は，まず分析の対象となる事象について類型を構築したうえで，実際の事例が類型中のどのタイプに帰属しているかを実証的に判定するという段階を踏む。したがって，FSITAがどのような方法であるかを理解するには，FSITAにおいて中核的な役割を担う「類型」とは何であるかをおさえる必要がある。

　類型（typology）は，理論の開発やある事象の変化の測定，因果関係の特定といった重要な研究課題に取り組む際の第一歩として，科学のプロセスにおいて重要な役割を果たすものである（Collier et al., 2012）。類型は，①クラスター分析のような帰納的・実証的方法で開発された「実体的類型（real-typologies）」と，②演繹的・理論的な方法で開発された「理念型の類型（ideal-typologies）」に大別される（Ebbinghaus, 2012）[7]。以上2種類の類型のうち，FSITAで用いるのは②の理念型の類型である。本章ではFSITAを適用することで，研究データリポジトリにおける研究データガバナンスの理念型の類型を構築したうえで，個々の事例（日本の研究データリポジトリ）が類型中に含まれるどの種類のガバナンスに帰属しているかを実証的に判定する。

　FSITAを実施する手順は大きく次の4段階に分けられる（An & Peng, 2016;

Ciccia & Verloo, 2012)。第一に，理念型を構成する要素である次元（dimension）を定義する。理念型はあくまで実際の事例がどの程度それに当てはまるかを測るための分析ツールであり，現実を表す一種のモデルではあるものの，必ずしも実際に存在する必要はない（Weber, 1904 富永ほか訳 1998）。このとき，k を分析者により任意に選択される次元の数とすると，論理的に成立しうる理念型の数は 2^k 個である。

　第二に，次元をファジィ集合として表現する。ある次元を集合として表現するには，クリスプ集合を用いる方法とファジィ集合を用いる方法の二通りがある。ある次元をクリスプ集合として表現する場合，実際の事例がその次元に当てはまるかどうかは 0 か 1 で表すことになる。例として「博士号の所持」という次元をクリスプ集合で表現すると，ある研究者（事例）が博士号をもっているか (1)，もしくはもっていないか (0) は，明確に区分できる。こうした次元をあつかうにはクリスプ集合が適している。

　一方でファジィ集合を用いる方法では，ある事例がある次元に当てはまるかどうかを表すのに 0 と 1 だけでなく，その中間の値（0.3, 0.5, 0.7 など）を使うことができる。たとえば「研究者の優秀さ」といった次元は，優秀であるか (1) もしくは優秀でないか (0) の 2 値ではなく，どの程度優秀であるかという程度として表現する方が適切であり，分析上の利点も大きい。ファジィ集合を使うと，ある事例がある次元に「どの程度当てはまるのか」を記述することができるようになる。

　また，分析に際しては，各事例が次元にどの程度当てはまるかを判定するために，各事例のデータを収集する必要がある。そのため，分析者は当該の次元を表す指標を設定し，その指標にもとづいて各事例からデータを収集することになる。そのうえで，収集したデータをファジィ集合への当てはまりの度合い（メンバーシップ値）に変換する。

　第三に，収集したデータを各次元に対するメンバーシップ値に変換したのち，ファジィ集合論の計算の規則にもとづいて，各事例が（複数の次元の組み合わせとして表現される）各理念型に対してもつメンバーシップ値を計算する。

　第四に，各事例がどの理念型に帰属しているのかを判断する。メンバーシップ値の計算の結果として，各事例は各理念型に対してもつメンバーシップ値を

得ることになる。たとえば A〜D の 4 種類の理念型を設定した場合，ある事例は理念型 A に対して 0，理念型 B に対して 0.33，理念型 C に対して 0，理念型 D に対して 0.67 のメンバーシップ値をもつとする。このとき，その事例は最大のメンバーシップ値を取る理念型 D に帰属していると判断する。

FSITA はケーススタディの考え方にもとづく手法であり，中小規模のサンプル（事例）数を分析するのに適しているといわれる（Rihoux and Ragin, 2009）。こうした特性はケーススタディを基本とする GKC アプローチと相性がよく，また日本の研究データリポジトリの数は中小規模にとどまることから，本研究では FSITA を分析の手法として採用することとした。

6.2.3 研究データガバナンスの理念型の類型

6.2.1 で述べたように，本研究では研究データリポジトリにおける研究データガバナンスを，①資源（研究データ）のオープン性，②コミュニティのオープン性，③インフラのオープン性という三つの次元からとらえる。以下ではこの 3 次元を，FSITA の用語でいう，理念型の類型を構成する次元としてあつかう。

このとき，資源のオープン性を集合 R，コミュニティのオープン性を集合 C，インフラのオープン性を集合 I として表記する。一般にある集合については，その集合に属さない要素全体の集合（補集合）を考えることができる。このこ

表 6.1　研究データガバナンスの「理念型の類型」
（Nishikawa, 2020, p. 842, Table 1 をもとに筆者訳・作成）

理念型の種類	資源のオープン性 （R/r）	コミュニティの オープン性（C/c）	インフラの オープン性（I/i）
R*C*I	R（オープン）	C（オープン）	I（オープン）
R*C*i	R（オープン）	C（オープン）	i（クローズ）
R*c*I	R（オープン）	c（クローズ）	I（オープン）
r*C*I	r（クローズ）	C（オープン）	I（オープン）
R*c*i	R（オープン）	c（クローズ）	i（クローズ）
r*C*i	r（クローズ）	C（オープン）	i（クローズ）
r*c*I	r（クローズ）	c（クローズ）	I（オープン）
r*c*i	r（クローズ）	c（クローズ）	i（クローズ）

とから，Rの補集合をr，Cの補集合をc，Iの補集合iとして表す。Rを例とすると，Rは資源がオープンである状態に対応し，rは資源がオープンでない（クローズな）状態に対応すると考える。

　以上から，研究データリポジトリにおける研究データガバナンスの理念型の類型は，R，C，Iの3つの次元からなる8（$= 2^3$）種の論理的にありえる組み合わせとして表現することができる。表6.1は各理念型とその意味をあらわしている。たとえば，理念型R*C*Iは資源，コミュニティ，インフラストラクチャーのすべてがオープンであるというガバナンスを意味し，理念型r*c*iはすべてがクローズなガバナンスを表す。

6.3　データ収集方法

　本節では，6.2.2でみたFSITA実施の第二段階に対応する，リポジトリが各次元に関してもつデータの収集方法について説明する。まず6.3.1では，分析対象とする日本の研究データリポジトリの範囲とデータ収集期間について述べる。6.3.2以降では，6.2で設定した理念型を構成する各次元に関するデータを収集するための指標（インデックス）について説明する。6.3.2から6.3.4にかけて，それぞれ資源のオープン性（R），コミュニティのオープン性（C），インフラのオープン性（I）に対応する指標について論じる。

6.3.1　データ収集の対象と期間

　この研究では，世界各国の研究データリポジトリの情報を提供するレジストリサイトであるre3data.orgにおいて[8]，日本のリポジトリとして登録されている全56件（調査実施当時）の事例を対象にデータの収集と分析をおこなった。ただし，このなかにはリンクが消失しているなどしてアクセスできないものや，登録上は日本のリポジトリとなっているが実質的には外国の組織によって運営されているものも含まれている。こうしたリポジトリを対象から除外し，最終的に37件の事例を対象とすることにした。

　本研究におけるデータは，各リポジトリに実際にアクセスし，そのポリシーを調査し，場合によってはユーザー登録やデータ提供者登録をおこない，研究

データを実際にダウンロードすることなどを通して収集した。また，これと並行して，各リポジトリの関連文献の収集もおこなった。データの収集は，2019年10月～同年12月の間に実施した。

6.3.2　資源のオープン性（R）のインデックス

　6.2.2で述べたように，データを収集するには各次元に対応する指標を設定する必要がある。このとき，先に定義した三つの次元はいずれもそれ自体が多面的な概念であることから，一つの次元に対して一つの指標のみでデータを収集する（状態を判断する）ことは適切でない。そのため，本研究では各次元に対して複数の指標を統合したインデックスを作成することとした。

　表6.2に示すのは，資源のオープン性（R）のインデックスである。表中の「指標」とはインデックスを構成する個々の指標であり，各リポジトリの状態によって当該の指標に関する「スコア」を割り当てる。最後に，指標ごとに得

表6.2　資源のオープン性（R）のインデックス
（Nishikawa, 2020, p. 843, Table 2 をもとに筆者訳・作成）

指標	スコア
R Ind. 1： フォーマット*	0－オープンでも機械可読でもない 1－オープンではないが機械可読，もしくはその逆 2－オープンかつ機械可読
R Ind. 2： ダウンロードの可否	0－ダウンロード不可 1－ダウンロード可だがバルクダウンロードは不可 2－バルクダウンロード可
R Ind. 3： 法的状態	0－著作権の保護下または権利不明であり利用条件の明示なし 1－オープンでないライセンスやポリシー 2－オープンライセンス**もしくはパブリックドメイン
R Ind. 4： 支払いの有無	0－有償 1－無償

*フォーマットとは，研究データのファイルの形式のことを指し，フォーマットがオープンであるとは，「少なくとも1つのフリーかつオープンソースのソフトウェアで完全に処理できるフォーマット」（Open Knowledge Foundation, 2017, 筆者訳）であることを意味する。

**オープンライセンス（open license）とは，「利用」，「再頒布」，「改変」，「分割」，「編纂」，「差別条項の禁止」，「伝播」，「利用目的制限の禁止」，「料金領収の禁止」の各事項について，「撤回不能な許諾」を与えるライセンスのことを意味する（Open Knowledge Foundation, 2015）。

られたスコアを処理することで，各リポジトリがRに関してもつデータ（スコア）を決定する[9]。このことは，以降で述べる他のインデックスについても当てはまる。

GKCアプローチにおける「オープン（性）」はコントロールの程度に関する概念であるため，次元Rは研究データのコントロールの程度に相当する。このとき，研究データの利用が強くコントロールされていればクローズ（非オープン）であり，コントロールが弱いほどオープンであると解される。Rインデックスでは，より大きいスコアのとき当該事例における「資源」はよりオープンであり，低いスコアのときはクローズであるととらえる。

なお，各指標・スコアは，研究データを含むデータ一般のオープン性の要件を定めた「オープンの定義2.1版」（Open Knowledge Foundation, 2015）と，世界各国における政府データのオープン化の進展を判定するためのインデックスである"The Global Open Data Index"（Open Knowledge Foundation, 2017）および"The Open Data Barometer Leaders Edition"（World Wide Web Foundation, 2017）を参考にしつつ，予備的なケーススタディをおこなったうえで，リポジトリにおける研究データの状態を詳細に区分できるように決定した。

6.3.3 コミュニティのオープン性（C）のインデックス

表6.3に示すのは，コミュニティのオープン性（C）のインデックスである。6.2.1で述べたように，コミュニティは貢献者・管理者・利用者という3つの側面に大別され（Frischmann et al., 2014; Ostrom & Hess, 2007），次元Cは各コミュニティの外部にいる人間が各コミュニティに参加する障壁（コントロール）の程度に相当する。Ind. 1は貢献者（研究データの提供者）コミュニティ，Ind. 2は管理者コミュニティ，Ind. 3は利用者コミュニティに該当する。

各コミュニティについて，参加することが困難であるほど次元Cはクローズド（非オープン）であり，容易であるほどオープンであると解される。Cインデックスでは，より大きいスコアのとき当該事例における「コミュニティ」はよりオープンであり，低いスコアのときはクローズであるととらえる。各指標のスコアリング方法はRインデックスと同様に予備的ケーススタディの結果にもとづき決定した。

表6.3 コミュニティのオープン性（C）のインデックス
（Nishikawa, 2020, p. 844, Table 3をもとに筆者訳・作成）

指標	スコア
C Ind. 1： データのアップロードの可否	0 − メンバー以外には不可，もしくは明示的なルールが存在しない 1 − モデレート登録* 2 − 自動登録** 3 − 登録の必要なし
C Ind. 2： データ利用ポリシー決定の可否	0 − 不可，もしくは明示的なルールが存在しない 1 − 可
C Ind. 3； データ利用のための登録・要件	0 − メンバー以外は不可 1 − モデレート登録* 2 − 自動登録** 3 − 登録の必要なし

*モデレート登録（moderated registration）とは，希望者が当該のコミュニティに参加するために行った登録情報をモデレーターが審査することで参加の可否を決定できる登録システムのことを意味する。
**自動登録（automatic registration）とは，登録さえ行えば審査を経ずに誰もが参加可能となる登録システムのことを意味する。

　Ind. 1とInd. 3では，登録の方法としてモデレート登録と自動登録を区別する。前者は登録に際して人間による審査プロセスが介在するため登録者の属性や用途による差別がおこなわれる可能性のある非対称（asymmetric）（Benkler, 2013; 2014）な方法であるのに対し，後者は登録者の属性や利用目的を登録の可否の条件として考慮しない非差別的（non-discriminatory）（Frischmann, 2013）ないし対照的（symmetric）（Benkler, 2013; 2014）な方法であるためである。つまり，モデレート登録に比べて自動登録はよりオープンな方式であると考えられる。

　また，管理者コミュニティのオープン性に対応するC Ind. 2では，当該のリポジトリで管理される研究データの利用条件を定めた利用ポリシーを自ら決定することができるかどうかが測定の基準となる。このとき，本来であればIADアプローチやGKCアプローチでいう「管理者」には6.2.1で論じた「インフラ提供者」も含まれうるが，本研究ではインフラ提供者としての側面は後述するインフラのオープン性のインデックスにおいてあつかうことにする。

6.3.4 インフラのオープン性（I）のインデックス

　表6.4に示すのは，インフラのオープン性（I）のインデックスである。6.2.1で述べたように，ここでいうインフラはリポジトリに，インフラ提供者は当該リポジトリの運営組織やボードメンバーに相当する。Iインデックスは，モレルがインフラのガバナンスを分類するのに用いた指標を参考に設定した（Morell, 2010, p.88, Figure 4）。RおよびCインデックスと同様に，Iインデックスではより大きいスコアのとき当該事例におけるインフラはよりオープンであり，低いスコアのときはクローズであるととらえる。

　Ind.1は，インフラのフォーカビリティ（forkability）に関する指標である（Morell, 2010; 2014）。フォーク（fork/forking）とは，あるオープンソースソフトウェアからソースコードをコピーして元のプログラムから独立した新たなプログラムを開発・配布することを指す。もしあるリポジトリがFLOSSとコピーレフトライセンスを使用している場合，そのリポジトリはフォーク可能であり，そのリポジトリのユーザーはそのリポジトリの提供者から独立して，そのリポジトリ内にある研究データを移行したり同様のリポジトリを再構築したりすることができる。一方で，あるリポジトリが独自開発ないし商用のソ

表6.4　インフラのオープン性（I）のインデックス
（Nishikawa, 2020, p.844, Table 4 をもとに筆者訳・作成）

指標	スコア
I Ind.1： インフラ提供者から の自由度	0－独自開発か商用ソフトウェアであり，著作権により保護されているか権利不明
	1－FLOSS* を使用しているがコピーレフトライセンス** ではない
	2－FLOSS* を使用しておりコピーレフトライセンス** である
I Ind.2： インフラ提供への参 加の可否	0－営利組織のメンバーになることにより参加可
	1－非営利組織のメンバーになることにより参加可
	2－明示的な基準や要件を満たすことにより参加可
	3－自薦により参加可（希望者であれば誰もが参加可）

*FLOSS（Free/Libre and Open Source Software）とは，フリーソフトウェアとオープンソースソフトウェアの双方を意味する。

**コピーレフトライセンス（copyleft license）とは，二次著作物をそのオリジナルと同じライセンスで配布することを要求するライセンスを意味する。

フトウェアを使用している場合，当該コミュニティはそのリポジトリにロックインされている。つまり，当該リポジトリのインフラはフォーク可能であるときによりオープンとなり，不可能であるときによりクローズとなると考えられる。

Ind. 2 は当該インフラの提供主体への参加可能性を判定している。提供主体に参加することはすなわちインフラ提供者として当該インフラに関する意思決定過程に携わることを意味する。したがって，部外者がインフラ提供者の一員となることが困難であるときインフラ提供に関するガバナンスはクローズであると考えられ，誰にとっても提供主体に参加することが容易であるときオープンであるといえる。

6.4　日本の研究データガバナンスの現状

6.4 では，本研究の結果として明らかとなった，日本の研究データガバナンスの現状について論じる。6.4.1 では本研究の分析対象である各リポジトリがどの理念型に帰属していると判定できるかを示す。6.4.2 では，分析結果を踏まえて日本の研究データガバナンスの典型例について考察する。同様に，6.4.3 では逸脱的な事例について考察する。6.4.4 では，本研究の知識コモンズ研究に対する貢献点について述べる。

6.4.1　分析結果

6.3 で説明した方法により収集したデータは，所定の手続きによって各理念型に対する当てはまり方の程度（メンバーシップ値）に変換することができる。本研究で実際に分析対象とした 37 件のリポジトリすべてについてメンバーシップ値を算出した結果，理念型 R^*C^*i に帰属するリポジトリは 9 件（24.3%），理念型 R^*c^*I は 3 件（8.1%），理念型 R^*c^*i は 22 件（59.5%），理念型 r^*C^*i は 1 件（2.7%），理念型 r^*c^*i は 2 件（5.4%）であった（図6.1）。他方で，理念型 R^*C^*I，r^*C^*I，r^*c^*I に帰属するリポジトリはみられなかった。これが，オープン性という観点からみたときの，日本のリポジトリにおける研究データガバナンスの現状である。

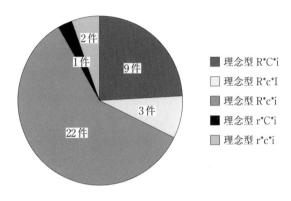

凡例:
- 理念型 R*C*i
- 理念型 R*c*I
- 理念型 R*c*i
- 理念型 r*C*i
- 理念型 r*c*i

グラフ内数値: 2件、9件、1件、3件、22件

図6.1　日本のリポジトリにおける研究データガバナンスの現状

　なお，本研究はよりオープンである方が望ましいということを前提としていない点には注意を要する（Frischmann et al., 2014）。適切なガバナンスの種類は当該事例の直面する状況によって異なることは，知識コモンズ研究と日本のオープンサイエンス政策いずれの先行研究においても指摘されていることである（e.g. Frischmann et al., 2014; Madison et al., 2010a; 日本学術会議, 2016; 内閣府, 2019c）。

6.4.2　典型的な理念型

　図6.1に示すように，分析対象であるリポジトリの過半数が理念型 R*c*i に帰属していたことから，同理念型は日本のリポジトリにおける研究データのガバナンスの典型であると考えられる。R*c*i とはすなわち，資源（研究データ）のみがオープンであり，コミュニティおよびインフラはクローズなガバナンスである。R インデックスは「オープンの定義2.1版」（Open Knowledge Foundation, 2015）をもとに設定していることから，研究データのオープン化の基盤として位置づけられる日本のリポジトリにおいて多くの場合研究データは実際に国際的な「オープン」の要件を満たす形で公開されているといえる。

　一方で，コミュニティとインフラがクローズであることから，外部ユーザーが当該リポジトリのガバナンスに携わることは困難であり，仮に当該リポジトリが利用ポリシーを変更したり，あるいは当該データが消失したりした場合でも，外部ユーザーは基本的にそれを受け入れざるをえない受動的な立場にある。

コミュニティおよびインフラ提供に関するオープン性は当該知識コモンズにおける資源の利用のされ方に影響をおよぼすことは理論的にも示唆されているが（Frischmann et al., 2014; Morell, 2010; 2014; Madison et al., 2010a），6.1.2でみた日本のオープンサイエンス政策に関する動向では基本的に資源のオープン性しか考慮されていないと考えられる（e.g. 内閣府, 2016; 日本学術会議, 2016）。R*c*iに帰属する事例が最も多いという本研究の分析結果は，こうした政策的視点が実際のリポジトリにも反映されていることを浮き彫りにしているといえよう。

R*c*iに次いで帰属事例数が多い理念型R*C*iは，資源およびコミュニティがオープンであり，インフラはクローズなガバナンスである。R*C*iに帰属する9件のリポジトリはいずれも外部ユーザーが研究データを提供することが可能であり（C Ind.1が1以上であり），そのなかでも3件は提供者自身が提供データについて利用ポリシーを少なくともある程度決定ないし選択する余地がある（C Ind.2が1である）。ただし，基本的にデータ提供についてはモデレート登録形式となっており，登録を要件としない（C Ind.1が3である）リポジトリは存在しなかった。外部ユーザーによるデータ提供が可能なリポジトリであってもモデレート登録が求められるのは，データについて一定程度のクオリティコントロールをおこなうためであると考えられる。

6.4.3　逸脱的な事例

日本のリポジトリは概して研究データのオープン化を目的としていると考えられるにもかかわらず，資源（研究データ）がオープンではない理念型であるr*C*iおよびr*c*iに帰属する事例が見られたことは興味深い点である。これらの事例はいずれも2000年前後と比較的早期から開設されていることから，資源がオープンではないのは，設立時点では現在の（資源の）オープン性に関わる要件は確立されておらず，その後もシステムに根本的な変更がないまま運営が続けられていることに起因すると推察される。

以上のなかでも特に特徴的な理念型はr*C*iである。r*C*iはコミュニティのみがオープンで資源とインフラはクローズなガバナンスであり，本研究で取りあげたリポジトリのうち唯一の機関リポジトリであるCURATOR[10]のみがこの理念型に帰属している。CURATORのコミュニティがオープンであるのは，

そのインフラ提供者である千葉大学に所属していない部外者であっても同大学の図書館長に許可を得ることで CURATOR にデータを提供できる（つまり，C Ind. 1 が 1 である）ことに起因する。

　一方で，CURATOR において保持される研究データの多くには論文に適用されるのと同じ利用ポリシーが適用されているため研究データについても著作権による保護下にあることが暗に前提となっており，かつ研究データは概して機械可読のフォーマットではなくバルクダウンロード機能も実装されていないことから，資源（研究データ）はクローズとなっている。また，CURATOR では独自開発のソフトウェアが使用されており（阿蘓品, 2005），提供主体も大学に限定されているため，外部ユーザーはインフラの提供に参加することができない（I がクローズとなる）。

　CURATOR は日本における最初の機関リポジトリであることから後続の機関リポジトリのモデルとなったと考えられるため，仮に本研究と同様の方法により日本の他の機関リポジトリを分析した場合，CURATOR と同じ理念型 r*C*i か，もしくは次元 C もクローズである理念型 r*c*i に帰属する事例が多いことが予想される。機関リポジトリには独自開発や商用のソフトウェアではなくオープンソースソフトウェアが使用されることも多いが，その場合でもほとんどの事例は大学や研究機関によって運営されており外部ユーザーがインフラ提供主体に参加することは困難であると想定されるため，結果的に次元 I はクローズとなると考えられる。また，日本では研究データに関するポリシーの整備が進んでいないことが指摘されることから（池内, 2019），CURATOR 以外の機関リポジトリでも論文に適用されるのと同様の利用ポリシーが研究データにも実質的に適用されることが予想され，結果としてやはり資源（研究データ）もクローズとなる場合が多いと考えられる。

　6.1.2 でも述べたように，日本では研究データリポジトリのなかでも特に機関リポジトリが研究データのオープン化を推進していくための中核的な基盤としてとらえられているため（e.g. 内閣府, 2018; 南山, 2016），少なくとも資源（研究データ）についてはオープンなガバナンスであることが望まれるといえよう。そのためには，フォーマット（c.f. 表 6.2 R Ind. 1）やダウンロード方法（c.f. 表 6.2 R Ind. 2）に関するオープン性の要件を満たすことができるようリポジトリ

を整備するとともに，論文に適用されるポリシーとは独立した研究データのためのポリシーを策定することが必要であると考えられる。

6.4.4　本研究の貢献点

　本研究は以下の点によって GKC アプローチに貢献しているといえる。まず，本研究では日本の研究データリポジトリを題材として知識コモンズの類型化をおこなった。5章では，知識コモンズは一種のアンブレラタームであって実際にはバリエーションが存在することが含意されており，GKC アプローチを進めていくにはそうしたバリエーションの類型化をおこなう必要があると述べた。表6.1で示した研究データガバナンスの理念型の類型は，リポジトリを題材としたときの知識コモンズの類型であるととらえることができる。この類型は暫定的なものに過ぎないかもしれないが，今後リポジトリを対象とするケーススタディをおこなう際の足がかりとして機能すると考えられる。

　このとき，資源がクローズである理念型も知識コモンズのバリエーションの一つとして考えることができるかということが問題となる。5.1.3 で述べたように，対象を知識コモンズとしてとらえることができるかを判断するには，資源の「制度化された共有」（Madison et al., 2010b, p.841, 筆者訳）がみられるかどうかが一つの基準となる。本研究では，対象としたすべてのリポジトリについて少なくとも R が完全にクローズ（メンバーシップ値が 0）な事例はなく[11]，研究データはある程度は公開されておりアクセス可能であった。また，6.1 でみたように，日本の研究データリポジトリはオープンサイエンスという文脈のもと研究データをオープン化するための一種の制度的措置ととらえることができる。以上から，資源（R）がクローズな理念型についても上記の基準を満たすことが可能であるため，少なくとも今の時点でこれらが知識コモンズではないと判断する積極的な理由は存在しない。

　また，5.3.3 では，GKC アプローチが現在抱えている課題として複数の事例を系統的に比較するための手法を導入する必要があることや，そのためにQCA が有望な選択肢の一つであることを述べた。FSITA は QCA をルーツとする手法であることから，本研究は GKC アプローチの課題の解決に先鞭をつけたということができる。このとき，上記の類型は比較の対象とする事例を選

ぶ際の基準として活用することも可能である。

6.5 小括

　本章では，GKC アプローチの応用の例として，日本の研究データガバナンスに関する研究を取り上げた。GKC アプローチの理論的な知見は，分析枠組みの導出や実証的データを収集する際の指標（インデックス）の作成といった研究の核心部分を支えており，研究データガバナンスという複雑な事象を分析するための土台として機能している。6.4.4 で論じたように，本研究は類型の構築と系統的な事例間比較手法の導入という点で GKC アプローチの進展に貢献していると考えられるが，一方では GKC アプローチの成果を享受することで科学技術政策に関する示唆を導き出した研究であるともいえる。このことから，GKC アプローチひいては知識コモンズ研究は，知識資源に関する制度やガバナンスのありようをとらえるためのツールとして活用することも可能である。

注
1)　ただし，6.2 以降の分析には必要でないか，もしくは分析の過程で間接的にアプローチすることから，現用ルールとアクション・アリーナ，アウトカムと評価基準についてはここでは取り上げない。その意味で，6.1 で示すのは「部分的」なケーススタディである。
2)　独立行政法人のうち主に研究開発をおこなう法人であり，たとえば理化学研究所（理研）や宇宙航空研究開発機構（JAXA）が含まれる。
3)　本提言では，研究データをオープン化する際には単に無料でアクセスできるようにするだけでなく，プログラムによって処理がしやすい（機械可読な）形式で公開することの重要性が論じられている。
4)　https://japanlinkcenter.org/rduf/
5)　https://creativecommons.jp/sciencecommons/aboutcc0/
6)　フリーライダーの寓話を広義に解釈すると，引用せずに利用することもフリーライドの一種であると考えられる。このとき，フリーライドへの懸念は社会的ジレンマの支配的な要因ではなく，時間的コストや法的状態が不明瞭であることへの懸念と並んで（主な）要因の一つであるにとどまる。また，5 章で述べたように，狭義にはフリーライダーの寓話で想定されるフリーラ

イドは支払いのともなわない当該資源の利用を指すが，池内・林（2020）ではこうした狭義のフリーライドへの懸念はみられず，かつデータ公開の際のインセンティブとしても金銭的な対価を重要視する者の割合は低いことから，知的財産権法制が一般に想定する状況と学術情報流通の世界の論理には乖離があることがうかがえる。

7) ②でいう理念型（ideal types）とは，ウェーバー（Weber, M.）のいう「ひとつの，あるいは二，三の観点を一面的に高め，その観点に適合する，ここには多く，かしこには少なく，ところによってはまったくない，というように，分散して存在している夥しい個々の現象を，それ自体として統一されたひとつの思想像に結合することによって」（Weber, 1904, 富永ほか訳 1998, p. 113）形成されるところの「理念型」に由来するものであり，社会的現象を分析するためのツールとして用いられる。したがって，目指すべき状態を意味する「理念」とは異なるものである。

8) https://www.re3data.org/

9) 処理方法の詳細については，Nishikawa（2020）および西川（2021）を参照されたい。

10) https://opac.ll.chiba-u.jp/da/curator/?lang=1

11) FSITA では帰属の程度を段階的に表現できるファジィ集合を用いていることから，結果的にあるリポジトリが次元 R がクローズな理念型に帰属していると判定された場合でも，そのことは直ちに当該のリポジトリの資源が「完全に」クローズであることを意味しない。

7章　デジタルアーカイブの制度設計への反映

　本章と8章では，知識コモンズ研究の知見の社会的な実装例を取り上げる。本章では，ヨーロッパの代表的なデジタルアーカイブである Europeana を事例として，デジタルアーカイブのガバナンスに知識コモンズ研究の知見がどう応用されているかを見ていく。デジタルアーカイブとは，広義にはデジタル化された知識資源を収集・保存・公開する仕組みの総称である。より狭義には，図書館や美術館・博物館，文書館などの文化機関が保有する美術品や音楽，演劇といった有形または無形の文化遺産をデジタル化し保存・公開するための情報基盤を意味する語として使われる。Europeana は正式版が公開された 2011 年より特に IAD アプローチに関する調査をおこなっており，調査結果を自身のガバナンス構造や関連するプロジェクトの運営に反映させている。

　以下，まず 7.1 では，本章の議論の対象となる Europeana について詳しく説明する。7.2 では Europeana がどのように知識コモンズの知見を取り入れているかを論じ，7.3 では知識コモンズの知見が Europeana にもたらした意義を検討する[1]。最後に，7.4 において本章の小括をおこなう。

7.1　Europeana とは

　本節では，まず Europeana の概要を示したうえで（7.1.1），Europeana 成立までの政策的経緯について，その起点となった Google Books との関係に触れつつ概観する（7.1.2）。次いで過去から現在にいたるまでの EU の政策における Europeana の位置づけについて論じる（7.1.3）。

7.1.1　Europeana の概要

　Europeana の最も基本的な機能は，ヨーロッパ各国の文化機関が保有する文化遺産へのアクセスを提供することにある。一般ユーザー向けのインターフェースである europeana.eu にアクセスすると[2]，美術品や図書，新聞，考古遺物，音楽など 5,000 万件以上の文化遺産に関するデータを検索することができる（図7.1）。これらのデータは，2023 年現在で EU 加盟国を中心に 40 カ国以上の 4,000 を超える文化機関から収集している。

　Europeana で提供されるデータは，メタデータとコンテンツに区分できる。メタデータとはある対象に関するメタ的なデータのことであり，データについてのデータであると説明されることが多い。本を例にとると，その本の著者や出版社，出版年，ページ数，販売価格など，その本に関するあらゆる書誌情報がその本のメタデータである。

　コンテンツとは，文化遺産をデジタル化した複製データのことである。たとえば，ある絵画の画像データや，ある本のテキストデータなどがコンテンツに相当する。コンテンツの種類は画像，テキスト，音声，動画，3D データに分けられ，言語や国，利用条件などに応じて検索条件を絞ることができる。コンテンツには europeana.eu 上で直接アクセスできる場合もあれば，メタデータに含まれる当該データの提供機関へのリンクを辿って，当該の機関が運営しているデジタルアーカイブ上でアクセスすることになる場合もある。

　Europeana の直接の運営主体は Europeana Foundation という非営利団体であり，その本部はオランダ，ハーグにあるオランダ王立図書館に設置されている。このほかに，Europeana にデータを提供する文化機関から構成されるコミュニティ等の関連組織が運営に携わっており，それら組織と Europeana Foundation が協働することで，Europeana の運営方針の策定やサービスの開発等が行われている。

　また，Europeana は文化機関からデータを収集していると先に述べたが，実際にはすべての機関と個別に交渉を行なっているわけではない。個々の機関と Europeana との間に，Europeana の代理でデータを集約・整形する，橋渡し役の中間組織が介在する。これをアグリゲータ（aggregator）といい，アグリゲータを介在させるデータ収集方法のことをアグリゲータモデルという。

図 7.1 europeana.eu
（https://www.europeana.eu/en より引用）

　アグリゲータにはいくつかの種類があり，大別すると ① 国・地域別アグリ
ゲータ，② 分野・テーマ別アグリゲータの 2 種類が挙げられる。国・地域別
アグリゲータとは特定の国もしくは地域を対象範囲としてデータを集約するア
グリゲータであり，当該国の文化関連省庁や国立図書館・博物館等がこれに当
たることが多い。分野・テーマ別アグリゲータとは特定の分野（図書館，博物
館，文書館など）や特定のテーマ（ファッションやユダヤ文化など）を対象範囲
としてデータを集約するアグリゲータであり，一つの国家にとどまらず，国際
的な組織となることが多い。

7.1.2　Europeana 成立の経緯

(1) Google Books の衝撃

　Europeana が初めて公開されたのは 2008 年のことである。Europeana は，
国家および文化機関の境を超えてそのデジタル化された資料を横断的に検索で
きるという点で，それまでのヨーロッパにおいて類をみないデジタルアーカイ
ブであった。Europeana の源流ともいえる取り組みは，1990 年代から徐々に
みられるようになっていた[3)]。しかし，これらの取り組みは国家単位もしくは
図書館や博物館といった異なる館種ごとに進められるにとどまっていた。EU

が「ヨーロッパ」という単位で国家・機関を横断して知識資源を集約することを目指すようになったのは，2000年代に入ってアメリカの私企業であるGoogleが発表したあるプロジェクトがきっかけである。

2003年12月，Google Inc.（当時）はGoogle Printという電子図書館構築プロジェクトを発表した。このプロジェクトは現在Google Booksという名前で知られている，書籍の全文検索サービスの前身である（以下では改名前の時期も含めて同プロジェクトをGoogle Booksとよぶ）。Google Booksで検索ができるのはGoogleがデジタル化したアメリカ内外の図書館の蔵書の本文である。また，全文検索とあわせて，著作権者の許諾を得ているかもしくは著作権の保護期間が満了している書籍についてはその全文を閲覧できるようにし，それ以外の書籍については書誌情報や本文の一部を抜粋して閲覧できるようにしている。一部を抜粋してウェブ上で表示する方法は「スニペット」表示とよばれる。

Google Booksプロジェクトが発表されてから一年後の2004年12月の時点で，Googleはハーバード大学やミシガン大学，オックスフォード大学，スタンフォード大学の大学図書館と，ニューヨーク公共図書館との間で蔵書デジタル化の合意を結んでいた。これらの図書館はいずれもアメリカをはじめ世界各国から収集した膨大な蔵書コレクションを有しており，それら蔵書には著作権の保護期間が満了しておりパブリックドメインにあるものと，著作権の保護下にあるものの双方が含まれていた。Googleはこれら大量の書籍をデジタル化しスニペット表示をすることはアメリカの著作権法でいうフェアユース（fair use）に相当すると考えていた。フェアユースとは，権利者の許諾を得ることなく著作物を利用しても，その利用が公正な利用であるならば権利の侵害にはならないという，アメリカ著作権法上の規定である。したがってGoogleは，提携した図書館の膨大な蔵書の権利者である世界中の著者や出版社に許諾を得ることなく，Google Booksプロジェクトを進めていった。

翌2005年には，全米作家組合（National Writers Union）と作家6名，および米国出版者協会（The Association of American Publishers）の大手出版社5社が，Google Booksは著作権侵害にあたるとして訴訟を提起した。これを受けてGoogleも，Google Booksはフェアユースであることから権利侵害には当たらないと主張し，10年以上におよぶ法廷闘争がはじまることとなる。この訴

訟はクラスアクション（class action）という，一人または複数の者が「共通点をもつ一定範囲の者（クラス）」全員を代表して訴訟をするという形態でおこなわれた。当初，この「クラス」にはアメリカ内だけでなく世界各国の著者や出版社が含まれると判断されたことから，Google Books 訴訟は世界中に影響をおよぼすこととなった[4]。

　Google Books プロジェクトと一連の訴訟をきっかけとして，日本を含む各国において，その国の図書館資料を網羅的にデジタル化し集約したデジタルアーカイブの構築が具体的に進められるようになる。図書館の蔵書は人類の知識の蓄積であり，誰もがオンライン上で好きなときにそれらを検索・閲覧できるようになることは，人間の知的活動のありように大きな影響をおよぼすと考えられる。また，デジタルアーカイブ構築の過程で作成される書籍の全文のテキストデータには，たとえば AI の学習用データとするなど，無数の用途がある。さらに，そうしたデジタルアーカイブをより多くのものが利用するようになれば，当該のデジタルアーカイブを有する国は利用履歴等のより多くのデータを得ることができるようになる。そのため，デジタルアーカイブ構築は一面においては知的・文化的活動の覇権争いとしての色彩を帯びるようになった（松田・増田, 2016; Thylstrup, 2018）。アメリカは Google を介してこの競争に先んじていたということができる。これに対して最も迅速かつ大規模に対抗策を講じたのが EU であり，その成果である Europeana であった。

(2) Google との闘い

　ヨーロッパにおいて Google Books への対抗を先導したのは当時フランス国立図書館長であったジャンヌネー（Jeanneney, J. N.）である。彼は 2005 年に『Google との闘い』（Jeanneney, 2003 佐々木訳 2007）という書籍を出版して，フランスひいてはヨーロッパ全域に対して Google Books の脅威に警鐘を鳴らすとともに対抗策の必要性を主張した。

　ジャンヌネーが Google Books の問題点としてあげたのは次のようなものである。まず，Google Books であつかう書籍の選定基準が問題となる。Google が提携した図書館の蔵書だけでも膨大な数があることから，時間や費用といった制約からすべての書籍をデジタル化することは困難であり，実際の作業にあ

たってはデジタル化の優先順位をつけることになる。また，Google Books の検索結果として表示される書籍のリストの並び順も問題となる。並び順はランダムではなく何らかのアルゴリズムによって決定される。利用者のほとんどは検索結果の最初のページしかみないといわれることから，検索結果リストの上位に表示される書籍はより多くのアクセスを集める一方で，下位に表示される書籍は誰の目にも触れることのないままとなるかもしれない。

　Google はアメリカの企業であり，広告から収益をあげるビジネスモデルを採用していることを踏まえると，以上の問題点の帰結として，アメリカで出版され，英語で書かれており，商業的に人気のある書籍が優先してデジタル化され，リストの上位に表示されるようになることが予測される。その一方で，ヨーロッパの（英語以外の）言語で執筆され，英訳も出ていないような書籍には誰も見向きをしなくなるかもしれない。結果として，文化の大衆主義が一層進み文化の多様性が損なわれるとともに，ヨーロッパの文化的な影響力が衰退していくことが危惧される。また，ジャンヌネーは以上に加えて，Google が仮にサービスから撤退した場合，デジタル化されたテキストデータは誰がどう管理し保存するのかという知識資源の持続性の問題も指摘している。

　このような危機意識のもと，ジャンヌネーは Google Books の脅威に対する具体的な施策として，ヨーロッパ産の「検索エンジン」を作ることを提案した。これが Europeana 構想の始まりである。『Google との闘い』の刊行が契機となり，議論はフランスを超えてヨーロッパ全域へと広がっていく。2005 年 5 月には EU の首脳会議であり政治指針を策定する機関である欧州理事会の議長ユンケル（Juncker, J. C.）（当時）や，EU において立法提案権を独占的に有する機関である欧州委員会（EC）の委員長バローゾ（Barroso, J. M.）（当時）などが支持を表明し，同時に EU 加盟国 25 カ国中 22 カ国の国立図書館からの支持も取り付けることに成功する。

　ジャンヌネーの初期案では，図書館をはじめとする既存の文化機関で蓄積されてきた情報資源の体系化の技術を結集し，かつ安易な大衆主義に流れることがないよう市場にすべてを任せるのではなく公的機関も参画するようなモデルが提案されていた。ここには，文化の多様性保護というヨーロッパ統合の歴史のなかではぐくまれてきた価値観が反映されているとともに，国際政治の領域

においてEUが示してきた多元主義という価値観が押し出されていた。

(3) Europeanaの成立

　実際にこのヨーロッパ産検索エンジンプロジェクト，つまりEuropeana開発プロジェクトが動き出したのは，2005年4月28日にジャンヌネーの問題提起に応えたフランスのシラク（Chirac, J. R.）大統領（当時）が，ドイツ，スペイン，イタリア，ポーランド，ハンガリーの5カ国首脳に働きかけ，欧州委員会へ書簡を提出したことによる。

　これを受けて同年9月，EUの情報政策プログラムであり，2005年より5ヵ年におよぶ情報社会とメディアのための政策的指針「i2010 成長と雇用のための欧州情報社会」（European Commission, 2005）のなかで，ヨーロッパ単一の電子図書館を設立する計画が採択される（「i2010 デジタルライブラリー」）[5]。これは，1995年以降ヨーロッパ各地で漸進的に整備されてきたデジタルアーカイブを統合し，単一の巨大なプロジェクトとして新たに位置づけるものであった。

　Google Booksへの対抗意識ゆえか，このプロジェクトの当初の名称は欧州電子図書館ネットワーク（Europe Digital Library Network: EDLnet）という図書館色の強いものであったが，やがてEuropeanaへと名称が変更される（杉本, 2015）。そして2008年11月20日，満を持してEuropeanaのβ版が公開される。Europeanaは開発者の予想を大きく上回る歓迎をもって迎えられ，公開時には1時間に1000万件を超えるアクセスがあったという。やがて運営主体であるEuropeana Foundationもオランダ王立図書館に設置されることとなり，2009年より開発がスタートしていたEuropeana v1.0（いわゆる正式版）は2011年10月に公開される。

7.1.3　EUにおける政策的位置づけ

　正式版の公開に先立ち2011年1月には，欧州委員会に対して欧州文化遺産のデジタル化に関する報告書「新しいルネサンス（The New Renaissance）」（European Commission et al., 2011）が提出される。同報告書は，ヨーロッパの文化遺産に容易にアクセスできるようにすることが観光，研究，教育などの分

野でイノベーションをもたらすことを示すとともに，EU 加盟国に対してすべ
ての図書館，アーカイブズ，ミュージアムが所蔵するコレクションのデジタル
化に向けた取り組みを強化するよう求めている。さらに同報告書では，Euro-
peana はオンラインにおける欧州文化資源のアクセスのためのただ一つの参照
点となるべきであり，そのためにヨーロッパ全体及び各国の財源・政治的資本
を集中させるべきであるという提言が成されている。

　これに続いて同じく 2011 年に公表された，EU のデジタルアーカイブ政策
の基本方針を示した「欧州文化遺産の電子化と公開，保存に関する欧州委員会
勧告（Commission Recommendation of 27 October 2011 on the digitisation and on-
line accessibility of cultural material and digital preservation）」[6] では，EU 加盟
各国に対して Europeana の発展に貢献することが求められている。具体的に
は，公的資金によるデジタル化プロジェクトの成果物を Europeana 上でアク
セス可能とすることの義務化をはじめ，権利者が不明な著作物である孤児著作
物（orphan works）や通常の商業流通経路を通じて利用することが困難な著作
物であるアウト・オブ・コマース著作物（out of commerce works）のデジタル
化に関する法整備の勧告，国・地域別アグリゲータの設立などの手段による貢
献が勧められていた。

　2021 年には，上記の方針を置き換える形で新たな政策文書である「文化遺
産のための欧州共通データスペースに関する欧州委員会勧告（Commission Rec-
ommendation（EU）2021/1970 of 10 November 2021 on a common European data
space for cultural heritage）」[7] が公表された。同勧告により，Europeana は文
化遺産分野における共通欧州データスペース（common European data space）
の基盤として位置づけられるようになった。EU は文化遺産のほかにも製造業
やエネルギー，健康，金融などの諸分野で共通欧州データスペースを構築する
ことを企図しており，これを通して域内での自由なデータの流通やデータの利
用に関するガバナンスのメカニズムを整備し，EU で保存・処理されるデータ
を増加させることを目指している。同勧告は Europeana を EU のデータ政策
の体系の中に組み込むものである。

7.2 Europeana と知識コモンズ

本節では，Europeana がどのように知識コモンズ研究の知見を取り入れているかを詳しくみていく。まず 7.2.1 では Europeana が知識コモンズ研究に着目するようになった背景について示し，次いで 7.2.2 では Europeana が知識コモンズ研究の知見をどう理解したのかを説明する。最後に 7.2.3 において，取り入れた知見の反映点について概観する。

7.2.1 Europeana の戦略計画の変遷

(1) ポータルからプラットフォームへ

Europeana は 2011 年の正式版公開以降，5 年間隔で戦略計画を策定し，同計画に即して活動している。最初の戦略計画である 2011-2015 年戦略計画 (Europeana, 2010) では，ヨーロッパ中の文化機関が保有する文化遺産を横断的に検索しアクセスできるようにするための「ポータル」としての機能を強化することが目指されていた。このポータル期には，メタデータ標準の改訂や API の提供，SNS を介したアウトリーチ活動などが優先課題とされており，ユーザーがポータルである Europeana を通して文化遺産にアクセスすることが想定されていた。

2014 年を戦略計画移行のための中間年として，2015-2020 年戦略計画の機関には，「ポータルからプラットフォームへ」とビジネスモデルを転換することが図られた (Europeana, 2014)。ここでいう「プラットフォーム」とは，マルチサイドプラットフォーム (Multi Sided Platform) とよばれる，2 つ以上のユーザーのグループをつなぎ合わせる場やサービスを提供するビジネスモデルのことを指す (cf. Hagiu, 2009)。このモデルでは，グループ間を引き合わせ，互いを見つけやすくし，より関わりやすくすることで付加価値を創出する。マルチサイドプラットフォームの代表的な例としては，Facebook や Twitter などの SNS，Amazon などのオンライン市場，YouTube などのコンテンツ共有サービスが挙げられる。Europeana の場合は，Europeana にデータを提供する文化機関と研究者やアプリ開発者などの高度利用者，一般ユーザーの三つのグ

ループをユーザーとしてとらえている。そして，データの質の向上やオープン化の促進，多言語対応化を優先課題として設定することで，これらのユーザーグループ間の関わりをうながすことが目指された。

　以上のポータルからプラットフォームへのビジネスモデルの転換はEuropeanaの根幹に変革を求める大規模なものであった。知識コモンズ研究の知見はこの変革を支える理論的な素地としてEuropeanaに導入されることとなる。Europeanaがどのように知識コモンズ研究の知見を取り入れたかについては7.2.2以降で論じることとして，本項の以降ではポータル期のEuropeanaが直面していた課題について説明する。

(2) ポータル期の課題

　ポータル期のEuropeanaの課題としては，まず従来のアグリゲータモデルの限界があげられる。7.1.1でみたように，アグリゲータモデルはEuropeana誕生当初から採用されていた方法であり，このモデルのおかげで順調にEuropeanaを介して提供できるデータの数は増加していった。しかし，図7.2に示す，ポータル期のEuropeanaを頂点として個々の文化機関を底辺に置くピラミッド型のアグリゲータモデルには，データの収集過程においてデータの重複や消失が見られたことや，Europeanaと文化機関の中間に位置するアグリゲータは有期の研究助成金により運営されている場合も多くその持続可能性に不安があることなど，いくつかの課題が指摘されていた（Scholz & Europeana Fooundation, 2015）。さらにより重大な課題として，ピラミッド型のアグリゲータモデルではデータを提供する文化機関とEuropeanaの間に直接的なやり取りがないことから，データの収集やそれに対するフィードバックにも時間がかかり，個々の機関にとってEuropeanaに協力するメリットがみえないという意見も寄せられていた（Scholz & Europeana Fooundation, 2015）。

　また，ポータル期のEuropeanaの財政を支えていたEUの予算プログラムの大幅な減額が決定されたことも大きな問題であった。2014年時点でEuropeanaはCEF（Connecting Europe Facility）というEU圏内のインフラを対象とするプログラムから2020年まで助成を受けることが決まっていた[8]。当時のEuropeanaの収入の大部分はこうした公的助成に依存していたが，EU内

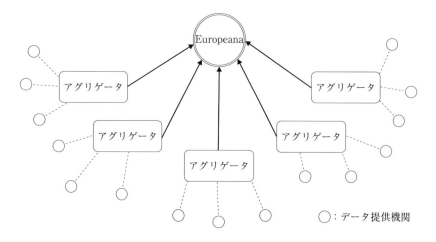

○：データ提供機関

図7.2　ポータル期のアグリゲータモデル
（https://pro.europeana.eu/post/introducing-europeanas-aggregation-team をもとに
筆作成）

での交渉を経て CEF 全体としての拠出額が当初想定されていた約 90 億ユーロから約 10 億ユーロへと大幅に減額されることが決まり，これにともない Europeana が得る助成額も年度ごとに大きく切り下げられていくことになった。そのため，当時の Europeana は公的助成に依存する予算計画を見直す必要に迫られていた。

7.2.2　Europeana コモンズ原則

　Europeana は 2011 年よりコモンズ研究に関する調査をおこなってきた。当初，この調査は一スタッフによるボトムアップの取り組みとして進められていたが，コモンズという概念の有用性が認知されたことにより有識者委員会が組織されることとなった。この委員会（Commons Advisory Board）は，コモンズ研究の知見を明らかにするとともにその Europeana への応用の方法をさぐることを目的として，2年間にわたって文献のレビューと専門家へのヒアリングをおこなうこととなる（Edwards & Escande, 2015）。

　調査では特にヘスとオストロムによる IAD アプローチ期の知識コモンズ研

表 7.1　Europeana による知識コモンズ研究の調査結果
（Edwards & Escande, 2015, pp. 6-7, 筆者訳）

1. コモンズでは個人主義（individualism）より集団主義（collectivism）が重視される
2. ガバナンスの構造によって，生態系の中で入れ子になった一連の企業が支持される
3. コモンズ構築の核となるのはコミュニティである
4. よく理解され，遵守されるコミュニティのルールが存在する
5. 共通の目標に向かって効果的に働く方法を考え出すことができ，専門的な知識や共通の価値観・関心をもつ小規模のグループが重要である
6. コモンズの言葉は，人々が一連の資源に対する個人的なつながりと，互いの社会的連帯を主張する方法である。したがって，コモンズは社会関係資本を形成する。
7. 集合行為（collective action）とコモンズ的な考え方においては，自発的な参加と互恵性にもとづいて，共通善および共有の成果に向かって努力するという信念がある
8. 中央集権的な生産と一対多の流通のシステムは，分散的な生産と多対多の流通のネットワークに取って代わられつつある。このことは新しいオンラインの社会構造と共同のプラットフォームの成長をもたらしている
9. コモンズと市場の関係は相乗的であるべきである。コモンズは，付加価値のあるサービスや製品を構築するためのインフラを提供することができる。
10. こうしたイノベーションによって，文化機関が，興味・関心を共有するコミュニティの協力者もしくは触媒として機能する機会がもたらされる。こうしたコミュニティでは，文化機関は新しいコンテンツを共同して制作することができ，新たに社会関係資本が形成される。

究の知見に焦点が当てられており，伝統的コモンズ研究を含むオストロムらの研究成果のレビューがおこなわれたほか，ヘスら知識コモンズに関する有識者を対象とするヒアリング調査が実施された。したがって IAD アプローチと同様に，Europeana は「コモンズ」を人々の集団により共有される資源であるとともに複数の種類の財と制度から構成されうるものとして理解している。そのうえで，調査の成果を表 7.1 に示すように整理している。

　また，2.3.3 で述べた設計原理にもとづきつつ，それを Europeana の文脈に落とし込むことで，Europeana コモンズ原則（Europeana Commons Principles，以下コモンズ原則）が策定される（表 7.2）。コモンズ原則は 2013 年以降 Europeana の各種プロジェクトに反映され，特に 7.2.1 で見た 2015 年からのポータルからプラットフォームへの転換に際しては戦略計画の根幹に組み込まれている。つまり，プラットフォーム期の Europeana では Europeana 自体がヨーロッパの文化遺産を共有するコモンズとして位置づけられており，コモンズと

表 7.2　Europeana コモンズ原則

互恵 (Mutuality)	相互利益を達成し，誠実に行動し，他者もそうすると信じるという原則にもとづいて，組織と個人からなるコミュニティをつくること
アクセス (Access)	創作やイノベーションを可能にする，高品質で再利用可能なコンテンツ・ツール・サービスを提供すること
帰属 (Attribution)	承認や帰属を通して権利を尊重するという原則を遵守すること
整合性 (Consistence)	文化機関の既存の価値観や原則のうえに構築すること
関与 (Engagement)	コミュニティの一員として積極的にコモンズを利用するとともに貢献すると約束すること

して自身を機能させるための具体的な制度設計が実装されていくこととなった。

7.2.3　Europeana への知識コモンズ研究の知見の反映

(1) ガバナンス構造への反映

　知識コモンズ研究の知見が反映された点として，特に大きな変化が見られたのは Europeana 全体のガバナンス構造である。ポータル期の Europeana は先述の Europeana Foundation（以下 EF）という，総勢 50 名ほどのスタッフからなる小規模の組織により運営されていた。EF は EU の直轄の機関ではなく独立した非営利団体であるため厳密には公的機関ではないが，欧州委員会（EC）が設定したミッションのもとトップダウンで Europeana を運営していたことから，この時期の Europeana は公的組織が主体となる集権的なガバナンス構造であったといえる。これは 2.2.3 でみた公的所有制に類するアプローチであると考えられる。

　他方でプラットフォーム期には，IAD アプローチの知見を踏まえてコミュニティが運営主体となる分権的なガバナンス構造へと変革が進められた。まず 2015 年には，Europeana Network Association（以下 ENA）というコミュニティが新たに組織された。ENA のメンバーには公開の登録フォームから自由に応募することができ，通常のメンバーの中から 30 名ほどが投票によりメンバー評議会として選出され，さらにメンバー評議会から 6 名が投票によりマネジ

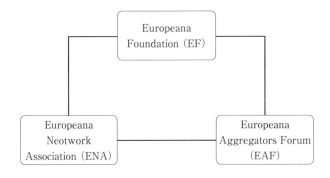

図7.3 プラットフォーム期以降の Europeana のガバナンス構造
（Europeana Foundation（2019）p.3 をもとに筆者訳・作成）

メントボードとして選出される。2023 年現在では，ENA のメンバー数は
3,000 名を超え，日本を含め世界各国から，文化機関やアカデミア，クリエイ
ティブ産業，法曹，教育などさまざまな分野の有識者が参加している。

　また，ENA に続いて各アグリゲータからなる Europeana Aggregators'
Forum（以下 EAF）というコミュニティも組織された。EAF は年に 2 回会議
を開催しており，アグリゲータモデルに関する調整や提言をおこなうことを目
的としている。各会議中で行われる総会で選出されたアグリゲータの代表者 3
名と EF の代表者 1 名が EAF の運営グループ（Steering Group）を構成し，運
営グループが EAF を主導している。

　現在の Europeana は，図 7.3 に示すように，EF と ENA，EAF が連携して
運営をおこなう分権的なガバナンス構造となっている。EF は Europeana の根
幹であるインフラ（後述）の運営を EC に委託されている。ENA と EAF はそ
れぞれ有識者からなるコミュニティとアグリゲータの利害を代表しており，特
に ENA およびそのマネジメントボードは EF とともに Europeana の事業計画
や戦略の策定にも関与している（Eurupeana Foudation, 2016）。こうした体制は，
コミュニティ・ガバナンスに相当するものである。

(2) プロジェクトへの反映

　ガバナンス構造の改革という全体的な取り組みのほかに，Europeana が企

画・運営する個々のプロジェクトにも知識コモンズ研究の知見が反映されている。たとえば，研究者のニーズを満たすサービスやツール，データを整備することを目的とした Europeana Research や，第一次世界大戦に関する資料やナラティブを文化機関と一般市民の双方から収集・デジタル化・公開することを目的とした Europeana 1914-1918 といったプロジェクトでは，個々に組織されたコミュニティがその運営を主導する。このとき各プロジェクトはそれ自体が一つのコモンズであると定義され，その設計にはコモンズ原則が反映される（Edwards & Escande, 2015）。

　ほかに，2023 年現在では，ENA の下にサブコミュニティが設置されている。これらのサブコミュニティはそれぞれが異なる種類の課題や分野に対応しており，ENA のメンバーは自身の関心や専門知識に応じて任意のコミュニティに参加することができる。現在稼働しているのは，気候変動，コミュニケーション，著作権，教育，技術，評価方法，研究の 7 種類のサブコミュニティであり，各トピックに関する知見の交換やプロジェクトの企画・運営等がおこなわれている。また，ENA によってサブコミュニティの運営規約が策定されており，各サブコミュニティは規約にもとづいて独自に運営グループや作業計画を設定し活動する（Europeana Network Association, 2021）。こうした入れ子状の組織構造や運営規約のありようはコモンズ原則ひいては設計原理に由来するものであると考えられる。

(3) インフラへの反映

　ポータルからプラットフォームへの転換に先立って，Europeana はアグリゲータモデルの改訂を計画していた。従来のピラミッド型のモデルとは異なり，新たなモデルでは個々のデータ提供機関とアグリゲータ，そして Europeana がフラットかつ直接的に結びつくネットワーク型のモデルが指向された（図 7.4）。このために，eCloud というクラウドに基づくインフラが整備され，アグリゲータや個々のデータ提供機関は eCloud 上でデータの交換や保存，公開等をおこなうことができるようになった。この eCloud の設計に際しても，コモンズ原則に対応する形で一連の原則が定められている（表 7.3）。eCloud は現在の Europeana でもそのサービスを支えるインフラとして EF により運営

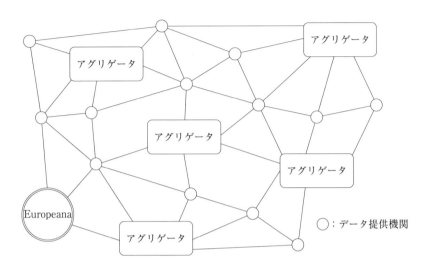

図7.4　ネットワーク型のアグリゲータモデル
（Europeana Foundation（2016）をもとに筆者作成）

表7.3　eCloud の設計原則
（Edwards & Escande, 2015, pp. 9-10, 筆者訳）

1.	eCloud は主にヨーロッパの文化遺産を管理する機関に提供され，機関がそのオーディエンスにデジタル化された文化遺産へのアクセスを提供することを可能にする
2.	eCloud はオープン性を促進する
3.	eCloud は，デジタル化された文化遺産の保存，共有，アクセス提供に関する現在の方法に対して，より効率的な方法を提供する
4.	eCloud は持続可能なビジネスモデルのもとで運営される
5.	eCloud はメタデータとコンテンツにアクセスするためのインフラを提供する
6.	eCloud は標準化されたデータモデルを通してアクセス可能である
7.	eCloud はアクセスと再利用のガバナンスに関する法的枠組みをサポートする
8.	eCloud はコミュニティによって統治され，主導される

が続けられている（Europeana Foundation, 2021）。

7.3　Europeana における知識コモンズ研究の意義

本節では，知識コモンズ研究の知見が Europeana にもたらす意義について，

Eruorpeana の戦略的位置づけ（7.3.1），持続可能性（7.3.2），アウトリーチ
（7.3.3），社会関係資本（7.3.4）の4つの観点から検討する。

7.3.1　戦略的位置づけ

　7.1.2で見たように，Europeana は Google Books への対抗策として構想さ
れた。このとき，Google Books は知識資源の管理を Google という私企業が集
権的に担う私的所有制的なガバナンス構造であるのに対して，当初の Europe-
ana は EF という公的な組織が主体となる公的所有制的なガバナンスで運営さ
れていた。両者のガバナンス構造には，運営の主体となるのが営利活動を旨と
する私企業か，公共の利益を目指す公的組織かという違いがある。しかし，集
権的なガバナンス構造をとる点では両者は共通している。

　これに対してプラットフォーム期以降の Europeana は，EF と ENA，EAF
の連携による多極的なガバナンスにより運営されている。この体制においても
EF は主導的な役割を果たしているが，少なくともポータル期に比べると分権
的なガバナンス構造であり，Europeana はこうした体制をとる自身をコモン
ズとして位置づけている（Edwards & Escande, 2015）。

　自身をコモンズとしてとらえるスタンスは2020-2025年の戦略計画でも踏襲
されている（Europeana, 2020）。同戦略計画では，Google をはじめとするグロ
ーバル企業に加えてローカルな企業も文化機関に対して知識資源のデジタル化
や管理・公開といったサービスの提供を働きかけているなか，Europeana は
私企業に代わるコモンズという選択肢を文化機関に提供すべきであるという方
針が示されている。

　また，7.1.3において，2021年より Europeana は共通欧州データスペース
の一つとして，EU のデータ政策の体系の中に位置づけられていることを述べ
た。現在では，Europeana にとどまらず EU 全体におけるデータガバナンス
のモデルとして知識コモンズ研究に着目する動向もみられる。たとえば，欧州
議会の下に組織される，新規の科学技術がもたらす影響に関する調査機関であ
る STOA パネル（Panel for the Future of Science and Technology）の調査報告
書では，現在の支配的なデータガバナンスモデルの代替となりえるモデルの一
つとして，知識コモンズを取り上げている（Panel for the Future of Science and

Technology, 2022)。こうした動向を踏まえると，他分野に先駆けて知識コモンズ研究の知見を実装している Europeana は，今後の EU のデータ政策のあり方に影響をおよぼしうる重要な先行事例になると考えられる。

7.3.2　持続可能性

Europeana はポータル期にかかえていた公的助成の減額やデータ提供機関が協力をおこなうインセンティブの欠如といった課題を，プラットフォームへとビジネスモデルを転換させることで乗り越えてきたといえる。この転換にともなうガバナンス構造や eCloud をベースとするアグリゲータモデルの変革などを実行に移す際，その制度設計の指針として IAD アプローチの知見が用いられてきたことは，7.2 で述べた通りである。このことから，知識コモンズ研究の知見は Europeana の持続的な運営に一定の貢献を果たしたと考えられる。

7.3.3　アウトリーチ

Europeana Research や Eurpeana 1914-1918 など，知識コモンズとして位置づけられ運営されてきたプロジェクトでは，新たなデータやサービスが生み出された。これらのプロジェクトは一種のアウトリーチ活動であり，従来 Europeana と関わりをもたなかった潜在的なユーザー層をその運営コミュニティに巻き込むことによって当該のユーザー層のニーズを反映したサービスを開発し，新規ユーザーの獲得を図っている。特に Europeana 1914-1918 は，文化機関が保有する資料だけでなく，一般市民が有する記憶や資料をも収集し，デジタル化・公開することで，多様な価値をもたらしたことが報告されている（Verwayen & Fallon, 2016）。

7.3.4　社会関係資本

2020-2025 年戦略計画期の Europeana のミッションは文化機関のデジタルトランスフォーメーション（DX）を支援することである（Europeana, 2020）。ここでいう文化機関の DX とは，機関の運営方法や技術・資産に関することだけでなく，考え方や人，スキルに関することを含む。つまり，DX を達成するには文化機関で働く人々の意識や技能，行動の変容が重要な要素となる。

IADアプローチでは知識コモンズのアウトカムの一つとして社会関係資本の形成があげられている。4章で述べたように，IADアプローチで示される知識コモンズの成果はいずれも十分な実証的裏付けのない仮説にとどまるものであることが指摘されている。しかし，ENAやそのサブコミュニティ，およびEAFが組織されることによりポータル期と比べてEuropeanaに連携する文化機関間の人的交流は増加していることから，Europeanaの場合は知識コモンズとしての分権的なガバナンス構造に近づくことによって社会関係資本の形成がうながされたととらえることができる。そして，文化機関の職員の間で社会関係資本が形成されるということは，DXに関する価値観や知識の受容と共有に向けた土壌が整うことにもつながる。このことから，知識コモンズ研究の知見は現在のEuropeanaのミッションにも間接的に貢献していると考えられる。

7.4 小括

本章では知識コモンズ研究の知見の実装例として，ヨーロッパのデジタルアーカイブであるEuropeanaを取り上げた。EuropeanaはGoogleというアメリカの一私企業への対抗策として成立したという経緯をもち，2010年代の中頃より意図的に知識コモンズ研究の知見を取り入れることで，分権的なガバナンス構造へと自身の制度設計の変革をおこなっている。こうした動向をコモンズ研究の言葉で言い換えると，Google Booksという私企業が文化遺産の管理をおこなう集権的なアプローチに対して，EUはEuropeanaというコミュニティ・ガバナンスのもと文化遺産を管理する分権的なアプローチを選択したといえる。また，文化遺産に限らずヨーロッパ全体のデータガバナンスのあり方についても，EUはGoogleをはじめとするアメリカの巨大IT企業への対抗を念頭に分権的なアプローチを模索しており，Europeanaはその先行事例であると考えることができる。

日本の2010年代以降のデジタルアーカイブ政策にとってEuropeanaは主要なモデルである。特に，日本のデジタルアーカイブの結節点であるジャパンサーチ[9]については，知識コモンズ研究の知見をガバナンス構造に取り入れる以前の集権的な体制であった時期のEuropeanaを参考に制度設計がおこなわれ

てきた（デジタルアーカイブの連携に関する関係省庁等連絡会・実務者協議会, 2017）。本章でみたように Europeana が分権的なガバナンス構造へと変革したのには特異な事情があるため，日本が Europeana に追随することは必ずしもよい結果を生むとは限らないが，少なくとも Europeana ひいては EU のデータ政策の背後にある考え方を理解することは重要であろう。そのためには，知識コモンズ研究を理解することが必要となる。

注
1) 本章 7.2 及び 7.3 と同様の主題については西川（2022）でも論じている。しかし，西川（2022）では Europeana の 2015-2020 年戦略計画の策定前後である 2014 年から 2016 年頃までの動向に焦点を絞ったのに対して，本章ではより包括的に Europeana と知識コモンズ研究の関係について述べる。
2) https://www.europeana.eu/en
3) たとえば，1995 年の「情報社会に関する G7 関係閣僚会議（G7 Ministerial conference on the global information society）」において推進が決定された「電子図書館」や「電子博物館・美術館」に関する国際共同プロジェクトや，2001 年に採択された「ルンド原則（Lund principles）」をきっかけとするプロジェクトが挙げられる。
4) Google Books 訴訟の詳細については，松田・増田（2016）を参照されたい。最終的に同訴訟は 2016 年に Google 側のフェアユースに相当するという主張が認定される形で終結をみることになる。
5) https://op.europa.eu/en/publication-detail/-/publication/4bafb6d8-1f35-4993-b0cf-6b6fb34d8c81#:~:text=Download-,and,-languages
6) https://eur-lex.europa.eu/eli/reco/2011/711/oj
7) http://data.europa.eu/eli/reco/2021/1970/oj
8) https://ec.europa.eu/inea/en/connecting-europe-facility
9) https://jpsearch.go.jp/

8章　オープンアクセスへの反映

本章では，知識コモンズ研究の応用・実装の例としてオープンアクセス（以下OA）を取り上げる。ここでいうOAは，2.2.3で取り上げた（自然）資源の管理制度の類型の一つとしての「オープンアクセス」とは異なり，論文等の学術情報をインターネット上で無料で公開する運動のことを指す。OAは早くから知識コモンズ研究の対象となってきたが，近年ではOA推進のためのシステムの制度設計に知識コモンズ研究の知見を取り入れる事例も登場している。

8.1では，本章の議論の前提としてOAとは何であるかを概説する。8.2では，知識コモンズ研究とOAの関係について，実際の研究を取りあげつつ概観する。8.3では，OAへの知識コモンズ研究の知見の実装の具体例として，COPIMという，学術的な単行書のOA化を推進するプロジェクトについて説明する。最後に，8.4において本章の小括をおこなう。

8.1　オープンアクセスとは何か

本節では，まず8.1.1において，OAの具体的なプロセスを説明する。特にOAの主な方法であるグリーンOA，ゴールドOA，ハイブリッドOAについて取り上げる。8.1.2では，OAという動向の現在までの経緯を概観する。そのなかで，当初は研究者や図書館員などによるボトムアップの動向として現れたOAが次第に各国の政策に反映されていくようになったことや，OAの普及にともない新たな課題がみられるようになっていること，こうした課題への対応としてダイヤモンドOAとよばれる方法が近年注目を集めていることを述べる。8.1.2までは論文のOAに焦点をあてた説明をおこなうが，8.1.3では

学術的な単行書の OA 化に関する動向について論じる。

8.1.1　購読モデルとオープンアクセス

　OA とは何かを理解するには，OA ではない一般的な論文の流通プロセスと比較するとわかりやすい。図 8.1 に示すのが，購読モデルとよばれる，一般的な論文の流通プロセスである。

　論文の生産者は研究者であり，研究者は学会や商業出版社などの出版者が刊行する学術雑誌に論文を投稿する。投稿された論文の掲載の可否は，査読（peer review）とよばれる専門家による審査を経て決定される。出版者は査読を通過した論文をまとめて学術雑誌として刊行する。学術雑誌は個人が購入することもできるが，多くの場合，その主な買い手は大学や研究所などの研究機関に設置される図書館である。図書館が出版者に費用を支払って学術雑誌を購読することで，当該の研究機関に所属している個々の研究者は自らが直接費用を負担することなく目当ての論文を読むことができるようになる。これが基本的な購読モデルである。

　購読モデルは学術雑誌が主として紙で印刷されていた時代に確立されたが，電子媒体で学術雑誌が流通するようになった現在でも基本的なプロセスは変わっていない。違いとしては，紙媒体の学術雑誌の場合は購読した図書館が現物を保有するが，電子媒体の場合に図書館が購読するのは雑誌本体ではなく雑誌へのアクセス権となる。

　これに対して OA の場合，研究者が学術雑誌に論文を投稿するところまでは購読モデルと同様であるが，その後が大きく異なる。OA の定義を定めた Budapest Open Access Initiative（BOAI）[1] という声明によると，OA とはインターネット上で経済的，法的，技術的な障壁なしであらゆるユーザーが文献を自由に利用できるようにすることを意味する。ここでいう「自由」には，論文の全文へのアクセスやダウンロード，コピー，印刷，再配布など多様な利用の仕方が含意される。こうした意味で論文を利用できるようにするにはいくつかの方法があり，その方法に応じて OA はいくつかの種類に分かれる。

　主な OA の種類としては，グリーン OA とゴールド OA，ハイブリッド OA の 3 つがあげられる。図 8.2 に示すのが，グリーン OA のプロセスである。

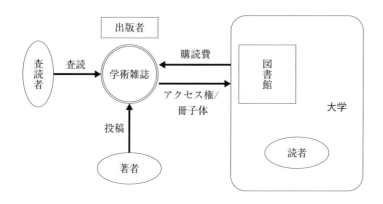

図 8.1　購読モデル

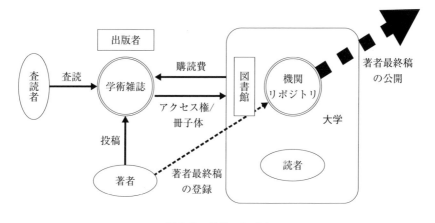

図 8.2　グリーン OA

図 8.2 は基本的に購読モデルと同一である。出版者は査読を通過した論文に対して組版や校正などの編集加工作業を行い，学術雑誌を作成する。この編集作業を経たバージョンの論文のことを印刷版（Version of Record）とよぶ（Anderson, 2018）。グリーン OA においても印刷版は購読モデルとして流通していくことになる。一方で，査読を通過した段階で著者の手元には，内容は印刷版と同じであるが出版者による編集加工作業は行われていない状態の原稿が存在する。このバージョンの論文のことを著者最終稿（Author's Accepted Manu-

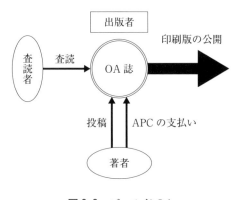

図8.3　ゴールドOA

script) とよぶ（Anderson, 2018）。グリーンOAにおいてはこの著者最終稿が
OAとして公開される[2]。

　著者最終稿を公開する主な経路としては，4章や6章でふれた機関リポジト
リがあげられる。大学では多くの場合，機関リポジトリは図書館部門のもとで
運営される。このとき，著者が自身の手元にある著者最終稿を機関リポジトリ
に寄託することによって，同一の論文について印刷版は購読モデルとして流通
する一方で，著者最終稿は機関リポジトリを介してOAとして流通すること
になる。これがグリーンOAの概要である。機関リポジトリのほかにも，著
者自身のウェブサイトなどを介して著者最終稿を公開する方法もある。グリー
ンOAの場合はOA化に際して著者自身は特に費用を負担することはない。

　図8.3に示すのはゴールドOAのプロセスである。ゴールドOAの場合，
掲載論文のすべてをOAとすることを前提に刊行される学術雑誌であるオー
プンアクセス誌（以下OA誌）に著者は論文を投稿する。OA誌の場合も購読
モデルと同様に掲載が決定した論文には編集加工作業がおこなわれ，インター
ネット上で誰もが利用できる形で印刷版が公開される。購読モデルの場合は出
版にかかる費用は購読費によって補塡されるのに対してOA誌では購読費は
発生しない。その代わりに，ゴールドOAの場合は著者である研究者が出版
にかかる諸費用を支払う必要があることが多い。この費用のことをAPC（Arti-
cle Processing Charges）とよぶ。

ゴールド OA と同様に APC に依拠して OA 化がなされるモデルとして，ハイブリッド OA という方法も存在する。ゴールド OA ではすべての掲載論文が OA である OA 誌を介して論文が OA 化されるのに対して，ハイブリッド OA の場合は購読モデルを前提に刊行される学術雑誌（購読誌）において論文単位で OA 化がなされる。購読誌は先述のように買わなければ読むことができない雑誌であるが，購読誌の中には著者が投稿論文を OA 化するかどうかを選択できるものが存在する。OA 化を希望し掲載が決定された論文については，APC を支払うことで OA として公開される。他方で，特に OA 化を希望しない場合には通常の購読誌の掲載論文として流通することになる。換言すると，ハイブリッド OA に対応する雑誌では，購読費用を支払わなければ読むことができない論文と OA として誰もが無償で読むことができる論文が併存することになる。

8.1.2　オープンアクセスの展開

(1) ボトムアップから政策へ

　先述の BOAI が発布されたのは 2002 年のことであり，ここから OA 運動がはじまったと位置づけられることが多い。他方で，インターネットの普及とそれにともない学術雑誌が電子媒体として出版されるようになったこと（これを電子ジャーナルとよぶ）を受けて，1990 年代から OA の源流ともいえるさまざまな取り組みが研究者や図書館の手により試みられていた。たとえば，1991 年にアメリカのロスアラモス国立研究所の物理学者ギンスパーグ（Ginsparg, P.）が開設した E-Print Archive では，研究者が査読を受ける前の論文であるプレプリント（preprint）をサーバに登録することで，研究成果の迅速で自由な共有が行われるようになった[3]。また，E-Print Archive は物理学分野を主な対象としていたが，この考え方を異分野でも取り入れて研究者自らが研究成果をインターネット上で公開しようという動向もあらわれるようになった（Hanard, 1995）。

　この時期には学術雑誌の購読料の高騰も深刻化していた。かねてより学術雑誌の購読料は上昇を続けており，1980 年代の後半にはついにアメリカの大学図書館において購入される雑誌の数が減少するようになる。このことは大学図

書館が学術雑誌を買い続けることができなくなったこと，および研究者が必要とする論文にアクセスすることが困難となったことを意味する。さらに1990年代に入ると，出版社の統廃合が進み，少数の出版社が学術雑誌の市場を寡占するようになったことや，ビッグディールとよばれる電子ジャーナルの包括的な契約形態が普及したことを受けて，大学図書館は出版社との価格交渉において苦境に立たされることになる。こうした状況のもと，アメリカの研究図書館協会（Association of Research Libraries, ARL）は出版社に対抗するための組織であるSPARCを設立し[4]，機関リポジトリの推進等の施策を進めていく。研究者も研究成果への自由なアクセスを求めてPLoS（Public Library of Science）とよばれる組織を立ち上げ[5]，OA誌の刊行を始めるようになった。

2002年にはこれらボトムアップの動向を踏まえてBOAIが発布される。BOAIではOAの定義に加えて，OAを実現するためにグリーンOAとゴールドOAという2種類の手段があることが明記された。先述のSPARCはグリーンOAに，PLoSはゴールドOAに対応する。また，2004年には大手学術出版社であるシュプリンガー（現シュプリンガー・ネイチャー）がハイブリッドOAを開始し，これに追随して多くの出版者が自身の刊行する購読誌にハイブリッドOAのビジネスモデルを適用するようになった。

2000年代の中頃より，OAは各国の政策に取り入れられるようになる。このなかで，アメリカやヨーロッパでは公的助成金による研究成果をOAとして公開することが政策方針として定められていく。当初はあくまでOA化は推奨事項であったが，2010年代になると研究助成機関から研究助成金を受ける際の条件にOA化が含まれるようになり，研究者にとっての義務としてOAが位置づけられるようになる。欧米に限らず，中国やインド，そして日本でも，程度の軽重はあるもののOAの推進は政策的な目標としてとらえられていくことになる。

また，OAが政策に取り入れられるにあたって，グリーンOAの課題が議論されるようにもなった。グリーンOAの場合，学術雑誌に論文を掲載する際は著作権を出版者に譲渡することが多いことから，著者が望んでいたとしても出版者が許諾しなければ著者最終稿を公開することはできない。また，グリーンOAが許諾されたとしても，印刷版を学術雑誌に掲載してから一定の猶予

期間を置いた後に公開することが求められることが多い（この猶予期間のことをエンバーゴとよぶ）。こうした課題があることから，イギリスではグリーンOAよりも後述のゴールドOAの方がOA化の手段として望ましいとする，Finchレポートという報告書が議会に提出された（Finch Group, 2012）。Finchレポートで示された考え方はOA政策の設計に関して他国でも参照されるようになる。

(2) OAの普及とAPCの高騰

　OAとして公開される論文の数は増加を続けており，2019時点で世界のOA論文の数は総論文の約30%と推計されている（西岡・佐藤, 2021; Piwowar et al., 2019）。同様に，2019年時点での日本の総論文に占めるOA論文の割合は約42%である（西岡・佐藤, 2021）。一方で，OAの源流の一つには学術雑誌の購読料の高騰があったことはすでに述べた通りであるが，OA論文数の増加にもかかわらず購読料も低下するどころか上昇を続けており[6]，2012年から2020年にかけて自然科学系の電子ジャーナルでは4.64%，人文社会科学系の電子ジャーナルでは5.46%の上昇がみられる。

　またOAの普及にともない，APCの負担という新たな問題が顕在化している。APCはゴールドOAやハイブリッドOAの場合に著者が自身の論文をOA化するために出版者に対して支払う費用のことであった。このAPCが，米国ドルに換算して2011年から2021年の10年間で一学術雑誌当たり平均906ドルから958ドルへと上昇している（Morrison et al., 2022）。日本に限ってみても，日本の研究機関に所属している研究者が公表した論文に関するAPCの支払い総額は2012年から2020年にかけての8年間で，約10億3千万円から約57億2千万円へと5倍以上に増加していると推定されている（大学図書館コンソーシアム連合, 2022）。このAPCの上昇の背景には，ハイブリッドOAにおいて出版者が購読料とAPCを「二重取り（double dipping）」しているという批判もあり，ヨーロッパを中心として世界各国においてAPCを抑制するための施策が試みられている。

(3) ダイヤモンド OA

　APC の高騰という課題に対して，近年ではダイヤモンド OA という，APC を課さずに OA を実現する OA 出版のビジネスモデルへの注目が国際的に高まっている（具体的な事例については 8.2.2 でとりあげる）。たとえば，ユネスコが 2021 年に発表したオープンサイエンスに関する勧告では，ダイヤモンド OA の支援が推奨されている（UNESCO, 2021）。同様に，2022 年に BOAI が新たに発表した声明である BOAI20 でも，ゴールド OA に代えてダイヤモンド OA が OA 実現の手段として望ましいという考えが示され，大学や研究助成機関，政府等にダイヤモンド OA への財政的支援をおこなうことが推奨されている[7]。

　ダイヤモンド OA が推奨される背景には，APC に依拠するゴールド OA やハイブリッド OA では APC が障壁となって学術雑誌の著者の多様性が損なわれるという問題がある。高額な APC を支払って論文を OA 化できるのは，研究資金が潤沢な研究者に限られることになる。すなわち，研究予算が相対的に少ない分野（たとえば人文学や社会科学）の研究者や，発展途上国の研究機関に所属している研究者，また先進国であっても予算規模の小さい研究機関に所属している研究者などは，OA に賛同していたとしても実際に自身の論文を OA 化することが困難となる。このようにして著者の属性が偏ると，結果的に公表され流通する科学的・学術的知識が偏ることにもなりかねない。そのため，多様性を保持するための OA のモデルとしてダイヤモンド OA が推奨されようになっている。

　ダイヤモンド OA は出版者による編集加工作業を経た印刷版の論文が対象となるという点でグリーン OA とは異なるモデルであると考えられるが，一方でゴールド OA とは相互排他的な関係にない。OA 誌において印刷版が公開されるとき，著者が OA のための費用を負担せずに OA 化が実現されていれば，それはゴールド OA であると同時にダイヤモンド OA となる。このことから，ダイヤモンド OA はゴールド OA の特殊な場合であるともいわれる（Eve, 2021）。

　ダイヤモンド OA に関する実態調査（Bosman et al., 2021）によると，2020 年時点でダイヤモンド OA として刊行される学術雑誌の数は 17,000〜29,000

誌であり，ダイヤモンドOAの論文の数は総論文の8〜9%，形態を問わずOAである論文の45%を占めると推計されている。この調査結果は，ダイヤモンドOAはすでにOA出版ひいては学術雑誌出版における主要なモデルの一つであることを示している。他方で，同調査からはダイヤモンドOAの抱える課題も浮き彫りとなっている。たとえばダイヤモンドOA誌の刊行は多くの場合ボランティア労働に依存しており，約半数の雑誌は財政状態が赤字もしくは不明である。また，過半数は刊行した論文のデータに関する保存のための方針を特に定めていない。このことから，多くのダイヤモンドOA誌の経営基盤は不安定であり，既刊の論文が長期的に保管されるかどうかも不明であるといえる。上述のダイヤモンドOA推奨に関する取り組みは，こうした現状の改善を目指している。

8.1.3　単行書のオープンアクセス

　多くの自然科学分野において主要な研究業績となるのは論文であるが，人文学や社会科学分野では単行書も重要な位置を占める。近年では，論文に加えて単行書のOA化も進められている。こうした単行書はもちろん研究者が個人で購入する場合もあるが，学術雑誌と同様に大学図書館が主な購入層であると考えられる。単行書のOA化が進められる背景には，大学図書館の資料購入予算の減額や，8.1.2でみたような学術雑誌の購読価格の高騰によって単行書の売れ行きが落ち込み，これを受けて単行書の刊行数も減少しつつあるという状況がある（Adema & Rutten, 2010）。換言すると，市場が人文学・社会科学の単行書の出版を支えることが困難となっている。また8.1.2でみたようにヨーロッパでは公的助成金による研究成果のOA化は政策として義務付けられているが，このOA化の対象に単行書が含まれるようになってきている。こうした要因により，主にアメリカやヨーロッパにおいて単行書をOA化するためのさまざまな取り組みがおこなわれはじめている。

　このとき，論文と同様に単行書でもOA化のためには出版にかかる費用を何らかの形で補填する必要がある。印刷をおこなわず電子書籍としてのみ出版する場合でも，学術書としての単行書には論文と同じく編集加工作業や査読にともなうコストが生じる。こうしたコストを補いつつ，OA化を通してより多

くの読者を得るために，種々のビジネスモデルの開発が試行錯誤されている。

　一例として，論文の OA 化で見られるように単行書の著者が出版にかかる費用を出版者に支払うモデルがあげられる。論文の場合に著者が支払う費用のことを APC といったが，単行書の場合，こうした費用は BPC（Book Processing Charges）とよばれる。ただし，単行書は論文と比べてページ数が多いことから出版コストも高くなり，それにともない BPC も高額となりがちである。また，自然科学と比べて人文学・社会科学の研究者が獲得する研究資金は概して小規模であることから，BPC の支払いは困難である場合も多い。このことから，BPC 型の出版モデルは単行書の OA 化において支配的なビジネスモデルとはなっていない。

8.2　知識コモンズ研究とオープンアクセス

　本節では，知識コモンズ研究と OA のこれまでの関係をみていく。8.2.1 では，知識コモンズ研究において OA がどうとらえられているかを論じる。特に，OA の主導的な研究者兼推進者であるサバー（Suber, P.）が知識コモンズ研究の観点から OA を分析した研究に焦点をあてる。8.2.2 では，OA に関する研究や実践において知識コモンズ研究の知見が取り入れられている例を取りあげる。

8.2.1　知識コモンズとしてのオープンアクセス

　論文や研究データ等の学術情報に関する事例は，オープンソースソフトウェアなどと並んで，IAD アプローチ以降の知識コモンズ研究において中心的な位置を占めてきた。そのなかでも OA に関する事例は，IAD アプローチの最初期から研究対象となっている。IAD アプローチの嚆矢ともいえる Hess & Ostrom（2003）では，機関リポジトリをはじめとして，プレプリントをオンラインで公開するための情報基盤であるプレプリントサーバーや，情報のアーカイブに関する技術標準の策定をおこなう組織である Open Archives Initiative など[8]，広義の OA に関する事例が取り上げられている。

　OA に関する研究のうち特に注目に値するのは，IAD アプローチの主著で

ある *Understanding Knowledge as a Commons: From Theory to Practice*
(Hess & Ostrom, 2007) に収録されている，Suber（2007）である。著者である
サバーは OA の研究者であるとともに，その主要な推進者の一人でもある。
OA を知識コモンズとしてとらえるとき，その主な資源にあたるのは論文であ
る。Suber（2007）では，OA 誌において著者が論文を投稿するインセンティ
ブが分析されるとともに，OA が直面する社会的ジレンマとその対応策が論じ
られている。以下では，Suber（2007）の要点について概説する。

　サバーはまず，論文とその他のコンテンツ（たとえば音楽や映画，小説，ソフ
トウェアなど）の性質の違いを分析している。サバーによると，論文はその著
者にロイヤルティ（印税）が支払われないという点で特徴的であるという。出
版社が論文の著者に対価を支払わないのは，世界初の学術雑誌が刊行された
1665 年から続く慣行である。

　ロイヤルティがないことは学問の自由と密接に関係するため，今日でもこの
慣行は維持されている。もしも著者がロイヤルティを受け取ることができると
したら，より売れる論文を書くことへの強力なインセンティブが発生すること
になる。すると，売れるためには（研究者にとどまらず）多くの人間が関心を
寄せておりかつ理解できるような内容の論文を書くことが重要となる。このこ
との行き着く先は，学問分野の偏りや，その時点で多くの人間が考えたことも
ないような新規な発見が発表されなくなるという世界である。しかし，現実に
はロイヤルティの代わりに研究者に対してその所属機関が給料を支払っている
ため，研究者は自分の論文が市場で売れるかどうかを気にすることなく，自身
の研究成果を世の中に発表することができるようになっている。

　それでは，対価を得ることができないのに研究者が出版社に論文を投稿する
インセンティブはどこにあるのだろうか。研究者はロイヤルティが発生しない
にも関わらず，自身の論文がより多くの読者に読まれ，応用され，引用される
ことを望んでいる。なぜなら，論文が多くの注目を集めるということはその著
者の研究者としての評価を高めることにつながり，結果として当該の研究者は
研究機関に雇用されたり，昇進したり，研究資金を得ることができるようにな
ったりするからである。サバーは，こうした金銭以外での報酬を期待すること
ができるからこそロイヤルティがなくとも研究者は出版社に論文を投稿すると

分析している[9]。

　また，学術雑誌がOA誌である場合は，ロイヤルティがないことに加えて，控除性（競合性）が低いという性質も備えることになる。控除性とは，2.2.2で述べたように，誰かが使用しているとその資源を別の誰かが使用できなくなるという性質のことを意味する。インターネット上でOAとして公開される論文は誰もが同時に無償で読み，ダウンロードし，時には加工したり再配布したりすることもできるため，控除性は著しく低い。また，OA化している時点で意味のない分析となるが，OA誌の場合は排除性ももたない――つまり，他者がその資源を利用することを妨げることはできない。

　以上のことから，OAに関してはそもそも生産の対価が支払われないため，5章でみたフリーライダーの寓話は当てはまらない。また，控除性が低いことから資源が使い尽くされるということもなく，したがってコモンズの悲劇も該当しないことになる。こう考えるとすべての学術雑誌が自ずとOAとなっても不思議ではないように感じられるが，残念ながらOAもある種の社会的ジレンマをかかえている。サバーは，OAが直面する社会的ジレンマを悲劇的膠着（tragic stalemates）とよんでいる。

　コモンズの悲劇では，関係者が自身の目先の利益を追求した結果として資源の消尽という悲劇に至るという状況が描写されていた。これに対して悲劇的膠着は，多くの利害関係者が目的を共有しているにも関わらず，各人にとってはその目的の達成に貢献する行動を取ることを待つかもしくは遅らせるインセンティブが働いているため，効率的な協力行動がなされずにいつまでたっても目的が達成されないという状況を指している。サバーはOAが陥りがちな悲劇的膠着を三つの類型に整理している。

　第一の膠着状況は，学術雑誌がOAへと移行する過程では大学は従来の購読料とOA化のための費用（APC）の双方を支払う必要が出てくることに起因して生じる。前提として，8.1.2でみたようにOA化は特にアメリカやヨーロッパでは義務化されているが，この動向が究極的に目指しているのは，（少なくとも公的助成を受けた）すべての論文がOAとなる世界である。こうした世界に移行する過程の段階では，大学は依然として購読モデルを取っている学術雑誌については購読料を支払い，ゴールドOAもしくはハイブリッドOAモ

デルを取る雑誌には APC を支払うことになる。この状況のもとでは，各大学は OA のためのより安価な出版モデルが開発されるまで APC の支払いを抑制することへのインセンティブが働くことになる。

第二に，先行する大学がよりよい OA 出版モデルを開発したり APC を支払ったりすることで多くの論文を OA 化していくのを待つことで，後発の大学は先行の大学よりも費用を抑えることができるようになる。しかし，多くの大学がこのように振る舞うと，OA 化は一向に進展しないことになる。この状況は世界規模でも当てはまる。つまり，後発の国は先進的な国が OA 化を進めていくのを待つことで，購読料を節約したり，先進的な国が整備した OA 出版のためのプラットフォームを利用したりして，コストをおさえつつ自身の OA 化を進めていくことができる。

第三の膠着状況は出版者の間で生じる。一般に，名声の高い学術雑誌ほどより多くの論文が投稿され，購読を望む図書館も多くなる。そのため出版者の間では自身の刊行する雑誌の名声を高めようとする競争が生じることになる。他方で，ある学術雑誌が優れているかどうかは，当該の雑誌に掲載された論文が引用された回数（被引用回数）にもとづいて評価されることが多い。このとき，ある論文の被引用回数が増えるには一定の時間が必要になるため，ゴールド OA に対応する形で新たに刊行された OA 誌は，従来から購読モデルのもとで刊行されていた雑誌と比べて不利となる。そのため，出版者が OA の理念に賛同していたとしても，OA 誌を新たに刊行するには足踏みをすることになるという。

サバーによる以上の分析は OA が各国の政策に組み込まれはじめた時期のものであるが，その主張の多くは現在の OA を取り巻く状況にも当てはまる。たとえば，サバーが示した三つの悲劇的膠着のうち，第一と第二の状況については大なり小なり現実でも観測されるようになった。これに関して各国では，OA の義務化や APC に特化した助成制度の設立，G7 やユネスコなどを介した OA 推進に関する国際的な合意の形成，公的投資による OA 出版プラットフォームの開発など多岐にわたる対応策を実施してきている。ただし第三の状況については，ハイブリッド OA というビジネスモデルを出版社が採用することで，サバーが指摘したような形では問題は生じなかったと考えられる。OA を

巡る状況は不断に変動を続けているため，サバーの主張が今後も有効であるとは限らないが，OA に関して強い影響力をもつサバーが知識コモンズ研究の枠組みや語彙を用いて OA を理解していることは興味深い。

8.2.2　オープンアクセスにとっての知識コモンズ研究

(1) オープンアクセスのあり方の構想

　Suber（2007）はいわば知識コモンズとして OA をとらえようとする研究であった。これに対して，知識コモンズ研究の知見を OA 研究に応用しようとする理論的な研究も行われている。ローソン（Lawson, S. A.）およびムーア（Moore, S.）の研究では，イギリスの OA 政策について，現在の政策において想定されるのとは異なる，知識コモンズとしての OA のあり方が構想されている（Lawson, 2019; Moore, 2019）。

　彼らによると，イギリスの OA 政策は新自由主義的であり，本来 OA が有している可能性を抑圧するとともに，専門分野間の特性の差異を十分に考慮できていないトップダウンでの施策を強制している側面があるという。ここでいう新自由主義（neoliberalism）とは，「市場や市場に由来する測定や評価の形式が，社会生活のあらゆる領域に継続的に拡大すること」（Lawson, p. 92, 筆者訳）を意味する概念として定義される。8.1.2 で述べたように，イギリスは Finch レポートの影響下でゴールド OA を基本として研究者に OA 化を義務づけているが，これにともない OA 化という行為自体が，OA 化した論文の数などという形で研究評価の対象とされるようになった。また，Finch レポートでは，すべての学術雑誌がハイブリッドもしくはゴールドとして OA 化に対応すれば雑誌間で価格競争が生じることになり，結果として APC が減額されることになると想定されていた。しかし現実には価格競争は生じず，むしろ APC は上昇することとなっている。

　当初想定されていた効果は見られなかった一方で，Finch レポートにもとづく政府主導の新自由主義的な OA 政策は，OA 論文数の増大という成果を挙げているのは事実である。そこでローソンとムーアは，既存の OA 出版システムを置き換えるのではなく，併存する形でコモンズとしての OA 出版システムを構築・維持していくことをそれぞれ提唱している（Lawson, 2019; Moore,

2019)。

　彼らの構想するシステムとは，端的にいうと，主として研究者からなるコミュニティが主体となって，そのコミュニティが属する専門分野や地域もしくは組織等の事情に則したOA出版のためのシステムを運営するというものである。ここでは，グローバルな一つのコミュニティをつくることを想定するのではなく，小規模でローカルな多数のコミュニティがそれぞれ主体となるシステムが併存してOA出版をおこなうというあり方が示されている。言い換えると，出版社が集権的に管理を担う従来のゴールドOAの方法の代替的な選択肢として，コミュニティ・ガバナンスにより運営される分権的なシステムが提案されている。

　特にムーアは，上記の知識コモンズとしてのOA出版システムを主として人文学分野で実装することを想定している。イギリスに限らず，政策としてOA推進の方法を設計する際には，自然科学分野の事情が念頭に置かれることが多い。一方で人文学分野は自然科学分野と比べて予算規模が少額であり，研究者自身が外部機関から研究資金を獲得するという文化も支配的ではないため，概してAPCの支払いにあてる資金が不足している。そのため，APCに依拠するゴールドもしくはハイブリッドOAと人文学分野の相性は特に悪いといえる。また，イギリスのOA政策ではゴールドOA以外にもグリーンOAとしてOA化をおこなうことも許容されているが，グリーンOAも基本的に論文を念頭に置いたモデルであり，単行書の扱いは考慮されていないことも多い。したがって，論文だけでなく単行書も主要な研究成果物である人文学は，グリーンOAでも十分にOA化を進めることは困難である。

　以上から，人文学（の諸分野）の事情にあったOA化の仕組みを構築することは，政策としてOA化推進に向けた圧力がかけられているイギリスの現状では喫緊の課題である。そのためにムーアは特に人文学分野を念頭に置いた議論をおこなっており，かつ自身の構想を実装する取り組みにも参画している。この取り組みについては8.3で詳細を説明する。

(2) ダイヤモンドOAと知識コモンズ

　OAの実践動向のなかでも，特にダイヤモンドOAは知識コモンズと結びつ

けて論じられることが多い。8.1.2 ではダイヤモンド OA の定義について簡単に説明したが，実際のダイヤモンド OA はさまざまな方法によって実現されている。たとえば，英国王立化学会が刊行する Chemical Science 誌のように，運営元である単一の組織が出版にかかるコストを負担することでダイヤモンド OA を実現するというのが一つのやり方である。しかし，現在ユネスコの勧告や BOAI20 といった国際的な声明において特に注目されているのは，コミュニティが主体となってオープンなインフラを活用することで APC に依存しない OA を実現するという方法である。こうした方法は知識コモンズ研究と親和性が高いことから，ダイヤモンド OA は時として OA コモンズ（Open Access Commons）とよばれることもある。上述の Lawson（2019）や Moore（2019）で構想されるシステムも，こうした動向と軌を一にしていると考えられる。

　上記のようなコミュニティが主体となる（つまりコミュニティ・ガバナンスによる）ダイヤモンド OA の代表的な事例としては，人文学分野の学術雑誌をダイヤモンド OA として出版する Open Library of Humanities 社（以下 OLH）があげられる。OLH は財団法人からの資金提供を受けつつ，それと合わせて大学図書館に出版費用のための出資を募る共同出資モデルを開発している（Eve et al., 2020）。このモデルに参加する図書館は，CEO や研究者からなる有識者委員と並んで OLH の経営に携わるメンバーとなることできる。また，OLH は出版活動にあたって Janeway とよばれるオンラインの出版プラットフォームを利用している。Janeway は OLH のためにロンドン大学バークベック校が開発したオープンソースソフトウェアであり，投稿や査読を管理するシステム等が実装されている（Eve & Byers, 2018）。

　OLH の創設者の一人であるイヴ（Eve, M. P.）は，ダイヤモンド OA と知識コモンズの安易な結びつけを批判しつつも，OA の実践に対する知識コモンズ研究の知見の意義について論じている。イヴによると，OA と（知識）コモンズを関連づける議論は多いものの，そこではコモンズの定義に関しての共通理解がないまま各人が「コモンズ」を独自の意味で用いる傾向にあるという（Eve & Lockett, 2021）。一方で，（知識）コモンズ研究の理論的な知見は，OA の実践に際して注力するべき事項を示すとともに，実践活動が直面しうる危機

やチャンスについて示唆を与えるものでもあるとされる（Eve & Lockett, 2021）。

8.3　COPIM と知識コモンズ

　本節では，知識コモンズ研究の知見の OA に関する社会実装の実例として，COPIM を取りあげる。8.3.1 では COPIM の概要について説明する。8.3.2 では，COPIM の取り組みの一つとして進められているコミュニティ・ガバナンスに関する調査研究のなかで知識コモンズ研究がレビューされていることを論じる。8.3.3 では，COPIM のもとで開発・運営されているプラットフォームのガバナンス構造に知識コモンズ研究の知見が取り入れられている様子を概観する。

8.3.1　COPIM の概要

　8.1.3 で述べた単行書の OA 化に関する取り組みのなかでも，COPIM には知識コモンズ研究の知見が明示的に反映されている。COPIM は主に人文学・社会科学分野の単行書の OA 化を推進するために 2019 年に設立された国際的なプロジェクトである[10]。COPIM には，大学や OA 出版を手掛ける出版者，図書館，学術情報流通に関する非営利団体などが参加しており，実際の構成員のなかには，ケンブリッジ大学トリニティカレッジやカリフォルニア大学サンタバーバラ校図書館，イギリスの研究支援組織である Jisc など，世界的に著名な組織も含まれる。

　COPIM の具体的な活動は以下に示す 7 つのワークパッケージ（WP）に分けられる。

1.　COPIM の経営や SNS・ワークショップ等を介した外部とのコミュニケーション[11]
2.　資金調達のためのプラットフォーム開発[12]
3.　OA 出版のためのビジネスモデル開発[13]
4.　コミュニティ・ガバナンスに関する研究[14]
5.　インフラやプロトコルの開発[15]

6. 実験的な出版[16]
7. OA 化された単行書のアーカイブ[17]

以上の WP のうち，知識コモンズ研究と特に関わりがあるのは WP2 と WP4
である。なお，COPIM 自体はイギリスの研究助成機関と慈善団体から 3 年間
の資金提供を受けて開始されたプロジェクトであり，その活動は 2023 年 4 月
で一度終了したが，各 WP の成果物の運営は継続されているほか，2023 年 5
月からは後継プロジェクトである Open Book Futures が始動している。

8.3.2 コミュニティ・ガバナンスの研究

WP4 では，COPIM 全体および各 WP で開発されるインフラやプロジェク
トのガバナンス設計に反映するために，コミュニティ・ガバナンスに関する調
査がおこなわれている。COPIM がコミュニティ・ガバナンスに着目する背景
には，企業が主導する集権的な学術出版のシステムよりも研究者などから構成
されるコミュニティが主導するシステムの方が，学術情報の多様性の確保とい
う観点から望ましいという考え方がある（Adema & Moore, 2021）。

8.1.2 で見たように，現在の学術出版の世界では，一部の商業出版社が市場
メカニズムのもと寡占的に学術情報の流通の担い手となっている。こうした状
況下では，企業は効率性を求めて出版システムの標準化を進めることになり，
結果として出版される学術情報も標準化の影響を受けることになる。他方で，
本来であれば学術情報の特性は専門分野や国・地域等によって大きく異なるた
め，分野や国を代表するコミュニティが自身の事情を踏まえた出版システムを
備えることができれば，多様な学術情報が出版される経路が保持されることに
なる。そのために，多様なコミュニティがそれぞれ主体となって出版システム
を維持していくためのガバナンスのあり方が模索されている。

ただし，コミュニティ主導のプロジェクトは往々にして，資金や人員，技術
などの要因でその活動に大きな制約を受けることになる。そこで，各コミュニ
ティが共同で利用できるような，学術出版のためのオープンなインフラの整備
が重要となる。こうしたインフラ自体も，そのオープン性の保持という観点か
ら，私企業に開発や管理を任せるのではなくコミュニティが主体となって運営

していく方が望ましいとされる。

　以上の考え方を単行書の OA 化という文脈において実装するための方法をさぐろうとするのが COPIM の WP4 であり，8.2.2 でふれたムーアがこの調査を主導している。調査の方法として，有識者や単行書の出版のステークホルダーを集めたワークショップを開催するとともに，実際にコミュニティ・ガバナンスを適用している事例や理論的研究のレビューが行われている（Moore, 2021）。このレビューにおいて，知識コモンズ研究に焦点が当てられている。

　実際にレビューの対象となったのは，IAD アプローチと GKC アプローチである。具体的にはまず設計原理が紹介され，特に八つ目の条件である「入れ子状の組織」が注目されている。同条件は複数のコミュニティがその総体としてのコミュニティ全体の意思決定に関与することを意味することから，多極性に関係する条件でもある。COPIM でも，コミュニティの多様性を保持するために，単一の意思決定部門を有するピラミッド型の組織を作るのではなく，複数のコミュニティが意思決定に携わることのできる水平的なガバナンス構造を設計することを指向している。こうした親和性があることから，設計原理は COPIM にとっても有用であると論じられている。

　また，設計原理に次いで，IAD および GKC フレームワークが導入される。特に両フレームワークの左部クラスターに関する，資源の性質やコミュニティの属性，目的・目標などの要素が取り上げられている。IAD および GKC フレームワークは，コミュニティ・ガバナンスを設計するためではなく，知識コモンズを分析するために開発されているが，フレームワークを用いることで自分達が設計しようとしているガバナンスがどのようなものであるかを詳細にとらえることができるようになるという。

8.3.3　Open Book Collective のガバナンス構造

　各 WP のなかでも特に WP4 の成果が明示的に反映されているのは，資金調達のためのプラットフォーム開発を目標とする WP2，正確にはその成果物である Open Book Collective（以下 OBC）である[18]。OBC は単行書の OA 化を目指す出版者や図書館からなるコミュニティであり，COPIM から独立した組織体としてイギリスにおいて慈善団体として登録されている。OBC の主な活

動は，単行書の OA 出版のためのプラットフォームを運営することである。このプラットフォームでは，BPC に依存せずに OA 化を実現するためのサービスが提供される[19]。具体的には，OA 化された単行書に関する情報の管理・公開や OA 出版への資金提供をおこなうためのインターフェースの提供，OA 化に関する資金情報の透明化などのサービスが実装される。

近年の学術出版業界では，それまでオープンに運営されてきた OA に関するインフラが大手の商業出版社に買収されるという事例が頻繁にみられる。OBC ではこうした動向を念頭に，営利企業の影響力を制限する形で，コミュニティ主導のガバナンス構造を設計している（Joy & Adema, 2022）。

OBC のガバナンス構造は，①カストディアン総会（General Assembly of Custodians, 以下総会），②スチュワード会（Board of Stewards），③メンバーシップ委員会（Membership Committee）の三つの機関によって構成される。このうち，総会が OBC の中核的な機関である。OBC は会員制のコミュニティであり，入会が認められた会員は総会に所属することになる。OBC の会員となることができるのは，単行書の OA 出版を手掛ける出版者，OA 出版に関するサービスプロバイダー（たとえば，リポジトリやメタデータ管理システム，コンテンツのアーカイブシステムの運営・提供者など），および図書館であり，これらのうち一定の入会基準（メンバーシップ・ルール）を満たしたものが会員となる。

図 8.4 は総会の概要である。会員はカストディアン（Custodian）とよばれ，カストディアンはさらに，OBC のガバナンスに全面的に関与するフル・カストディアン（Full Custodians）と，全面的には関与しないアソシエート・カストディアン（Associate Custodians）に分かれる。複数の下位組織から構成されるある組織 A が OBC に参加する場合，A に割り当てられるフル・カストディアンの枠は一枠のみであるため，A を構成する各下位組織は（一つを除いて）アソシエート・カストディアンとなる。カストディアンは上述の通り総会に所属し，さらにその属性に応じて図書館グループか出版者グループ，サービスプロバイダーグループのいずれかのサブグループ（caucus）に配属される。これらのサブグループから代表者 2 名ずつが，スチュワード会の構成員として選出される。

図 8.5 は，総会を含めた OBC のガバナンス構造のモデルである。スチュワ

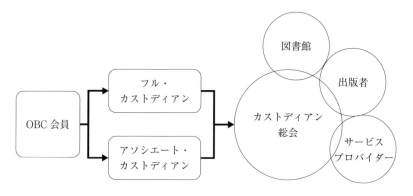

図 8.4　カストディアン総会
（Joy & Adema, 2022, Figure1 をもとに筆者訳・作成）

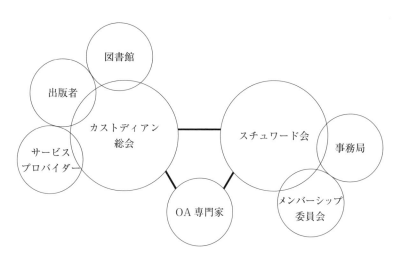

図 8.5　OBC のガバナンス構造
（Joy & Adema, 2022, Figure2 をもとに筆者訳・作成）

ード会は OBC の意思決定機関であり，OBC 全体のミッションの策定や日常的な業務の管理などを所管する。スチュワード会の構成員はスチュワード（Steward）とよばれ，総会から選出された計 6 名に OA の専門家 3 名を加えた総計 9 名からなる。スチュワードはカストディアンの投票によって選ばれるため，カストディアンに対して責任を負うが，一方では OBC の運営をコントロ

ールする権限が与えられている。このようにして，総会とスチュワード会のパワーバランスが維持されるような制度設計がなされている。

　また，スチュワード会の下には事務局（Secretariat）とメンバーシップ委員会が設置される。事務局は各機関のミーティングの運営や OBC の年次報告書の作成といった業務を請け負う。メンバーシップ委員会は OBC の入会基準の設定や審査をおこなう委員会であり，スチュワードのうち 3～5 名が配属される。将来的にメンバーシップ委員会以外の委員会が増設された場合もスチュワード会の下に位置することになる。

　以上が OBC のガバナンス構造の概要である。商業出版社によるインフラの「囲い込み」への対抗を念頭に，IAD アプローチや GKC アプローチの知見をレビューしたうえでコミュニティ・ガバナンスのための制度設計が組まれていることから，OBC 自体が（GKC アプローチでいうところの）知識コモンズにあたるといえる。また，より具体的な知識コモンズ研究の知見の反映点として，総会やスチュワード会の下に複数の下部組織が設置されていること（つまり入れ子状となっていること）や，会員間で利害関係の対立が生じた場合の対応方針，入会基準の明確化といった，設計原理を踏まえた制度が実装されている。

8.4　小括

　本章では，知識コモンズ研究の知見が OA とどのようにかかわり，また活用されているかを論じた。近年では，ダイヤモンド OA の推進という文脈において，コミュニティ・ガバナンスによる OA への注目が集まっており，こうした動向と知識コモンズ研究をむすびつけるような研究や取り組みがなされている。特に，8.3 で取り上げた COPIM とその下の OBC のように，ガバナンスの制度設計に IAD アプローチや GKC アプローチの知見を明示的に取り入れる事例もみられるようになっている。

注
1)　https://www.budapestopenaccessinitiative.org/read/
2)　ただし，出版者の規約の内容等に応じて，印刷版や著者が最初に論文を投

稿した時点（つまり査読前）の版が公開されることもある。

3）　現在は arXiv（https://arxiv.org/）という名称で，物理学以外の分野も対象として運営されている。

4）　https://sparcopen.org/

5）　https://plos.org/

6）　https://contents.nii.ac.jp/sites/default/files/justice/2021-02/Journal Price_2020.pptx

7）　https://www.budapestopenaccessinitiative.org/boai20/

8）　https://www.openarchives.org/

9）　なお，ロイヤルティがないという性質は論文だけでなく学術的な単行書にも当てはまる。学術的な内容をあつかう本であっても，教科書や新書など研究者以外の読者も想定されるものについてはまた事情が異なるが，主に研究者に向けて書かれる単行書の場合は，ロイヤルティが発生しないどころかBPC などの形で出版費用を著者が負担するビジネスモデルが適用される。単行書の出版慣行は国や分野によって大きく異なるため，すべての単行書に関してロイヤルティが発生しないとするのは誤りであるが，小説など一般的な読者層に向けて書かれる種類の本と比較すると，単行書はより論文と近い性質をもつと考えられる。

10）　https://www.copim.ac.uk/

11）　https://www.copim.ac.uk/workpackage/wp1/

12）　https://www.copim.ac.uk/workpackage/wp2/

13）　https://www.copim.ac.uk/workpackage/wp3/

14）　https://www.copim.ac.uk/workpackage/wp4/

15）　https://www.copim.ac.uk/workpackage/wp5/

16）　https://www.copim.ac.uk/workpackage/wp6/

17）　https://www.copim.ac.uk/workpackage/wp7/

18）　https://openbookcollective.org/

19）　このことから，OBC は 8.2.2 でみたコミュニティ・ガバナンスによるダイヤモンド OA に連なる事例の一つであるといえる。

9章　おわりに
―知識コモンズ研究のこれまでとこれから―

　これまで本書では，知識コモンズ研究の過去30年間の展開をたどったうえで，その知見の応用や実装のされ方を各論的にながめてきた。本章では，まず知識コモンズという概念の意味の変遷の過程を整理し（9.1），続いて知識コモンズ研究の現在までの課題と成果について考察する（9.2）。これを踏まえて9.3では，現時点での知識コモンズ研究の意義について検討をおこなう。最後に，9.4において本書の限界を述べるとともに今後の展望を示す。

9.1　知識コモンズとは何か

　知識コモンズとは何か。この概念のとらえ方は研究が進展するにつれて移り変わってきた。本書の第Ⅰ部では，現在までの知識コモンズ研究を，その前身である自然資源を対象とするコモンズ研究（伝統的コモンズ研究）を含めて4段階に大別し，それぞれの段階における知識コモンズのとらえ方や研究の方法を俯瞰してきた。第Ⅰ部を構成する2章から5章の各章は，上記の4段階にそれぞれ対応している。

　2章では伝統的コモンズ研究におけるコモンズのとらえ方や方法論，理論的な研究成果を概説した。ここではコモンズは資源と制度の二つの側面からとらえられる。資源（財）としてのコモンズは控除性が高く第三者の利用を排除することが困難という性質をもつコモンプール資源のことを指し，制度としてのコモンズはコミュニティが当該の資源の所有権を共同で保持する共的所有制という制度に相当するものであった。

　3章では，1990年代から2000年代中頃にかけての，黎明期の知識コモンズ

研究を概観した。この時期の研究の主流をなすオープンコモンズとしての一連の知識コモンズ研究は，（知識）コモンズという語を，知的財産権が生じていないかもしくは権利による保護期間が過ぎていることにより誰もが自由に利用できる状態であるパブリックドメインと同義的に用いていた。ただし，こうした研究の集大成ともいえる Lessig（2001）ではコモンズの意味は拡張され，パブリックドメインよりも範囲の広い概念であるフリーと同義の用語として使われるようになる。また，同時期には CBPP やアンチコモンズ，セミコモンズといったコモンズの亜種ともいえる概念が提起されていた。

　4章では，伝統的コモンズ研究で確立された概念や理論，方法論を知識コモンズに適用するようになった，IAD アプローチ期の研究動向について説明をおこなった。この時期にはまず知識という概念の精緻化が試みられている。知識はあらゆる形式で表現される無形のアイディアや情報，データを指す包括的な概念として定義されており，これを資源としてとらえると，ファシリティとアーティファクト，アイディアの三つの水準に区分できるという。他方で，伝統的コモンズ研究とは異なり IAD アプローチでは知識コモンズについての明確な定義は与えられていない。ここでいう知識コモンズとは，共有の知識資源とその管理制度の双方を含む幅の広い概念であり，その中には複数の種類の資源（財）と制度が包含されていた。

　5章では，IAD アプローチを知識資源の性質に合わせて修正した GKC アプローチによる知識コモンズ研究について概説した。GKC アプローチはコモンズの制度としての側面に焦点を当てており，知識コモンズという概念を，コミュニティが主体となって知識資源の生産や共有を管理するというガバナンス方法—つまり，知識資源のコミュニティ・ガバナンス—を意味するものとして定義している。ただし，ここでいう「知識コモンズ」は総称的な概念であり，実際の事例でみられる制度はさらに細かく類型化できると考えられる。

　このように，知識コモンズの意味はパブリックドメインからコミュニティ・ガバナンスへと移り変わってきている。こうした知識コモンズの変遷は，知識コモンズ研究の関心が知的財産権法のあり方から法律を含むより広義の制度のあり方へと比重を転換させていることと軌を一にしている。また，近年のGKC アプローチはその射程をプライバシーに関する制度へと拡張させつつあ

ることから，今後も知識コモンズのとらえ方は変化を続けていくものと予想される。

9.2　知識コモンズ研究の課題と成果

9.1でもふれたように，本書では知識コモンズ研究のはじまりを1990年代ととらえて，（1）1990年代から2000年代中頃までを黎明期の知識コモンズ研究，（2）ヘスとオストロムが主導した2000年代から2010年代中頃までをIADアプローチ，（3）2010年前後から現在までをGKCアプローチとして区分している。この区分は，9.1でみた知識コモンズのとらえ方の変遷に加えて，研究課題や方法論的特徴を踏まえて設定したものである。各段階の知識コモンズ研究はそれぞれ異なる課題に取り組んでおり，その時々で一定の成果をあげてきている。

知識コモンズ研究がはじまった1990年代には，インターネットの普及を背景に世界各国において知的財産権法の改正が進められていた。これにより，インターネット上で自由に流通していた知識資源が私企業により囲い込まれつつあるという危機感が研究者の間で共有されるようになった。こうした状況のもと，黎明期のオープンコモンズとしての知識コモンズ研究はパブリックドメイン＝コモンズの重要性を示すとともに，「囲い込み」からコモンズを守るための方策を検討することを主な課題としていた。また，同時期の研究は主に法学者によって進められていたことから，研究の焦点も概して知的財産権法のあり方に当てられていたといえる。同時期の研究はレッシグにより集大成され，最終的にCCライセンスという知識の自由な流通を支えるツールを生み出すにいたった。

他方で，黎明期の知識コモンズ研究では，研究者間で共有されるような概念や方法論は整備されず，また実証的な研究も発展していなかった。これを受けてIADアプローチでは，伝統的コモンズ研究の豊富な知見の蓄積を基盤として，知識資源をコモンズとしてとらえその性質を実証的に分析するための方法論が提案された。この方法論は多数の研究者の間で共有され，共通の枠組みや概念にもとづく実証的な知識コモンズ研究がおこなわれるようになった。また，

この時期には伝統的コモンズ研究において生み出された設計原理などの理論的な知見が知識資源の文脈に導入されるようになり，こうした知見は本書第II部でみたような実践的活動にも影響をおよぼしている。

しかし，伝統的コモンズ研究の知見はあくまで自然資源を対象として形成されてきたものであり，それを概してそのままの形で知識コモンズに転用しようとするIADアプローチには限界もみられた。これに対してGKCアプローチは，知識資源の性質を踏まえてIADアプローチの方法論の修正をおこなうことにより発展してきた。GKCアプローチにおいて知的財産権法は「背景環境」へと後退し，分析の焦点は知識資源の生産と共有をおこなう個々の事例におけるガバナンスのありように当てられるようになった。

また，これまでの知識コモンズ研究は，前身である伝統的コモンズ研究から含めて，財産権あるいは所有権と深い関わりをもつ研究領域であった。これに対して近年のGKCアプローチはプライバシーという新たな領域に踏み込みつつあり，ここにおいてはじめて知識コモンズ研究は伝統的コモンズ研究の影響から離れた独自の研究領域として自立しつつあるといえる。さらにプライバシー以外にも，本書ではあつかうことができなかったが，市場経済と知識コモンズの関係やスマートシティのガバナンスに焦点を当てた研究がみられるようにもなっている（Dekker & Kuchař (Eds.), 2021; Frischmann et al. (Eds.), 2023）。

以上のように知識コモンズ研究は，その時々の社会的な要請にも対応しつつ，方法論を発展させながらその理論的な射程を拡大させてきている。しかし，こうした着実な展開の一方で，現時点でもまだ解決をみていない課題をかかえてもいる。

IADアプローチ以降の知識コモンズ研究は，フレームワークにもとづくケーススタディを基本的な研究方法としている。5.3.3では，こうしたケーススタディを効果的に進めていくうえでの課題について説明した。これらの課題もまだ解決の途上にあるが，それに加えて，今後はケーススタディ以外の手法の導入を進めていくことも重要になると考えられる。ケーススタディは探索的にデータを収集してそこから仮説や理論を導くのに適した研究方法であるといえる。一方で，仮説の検証や理論的知見の一般化をおこなうには定量的・数理的手法を用いることが効果的である。このとき，伝統的コモンズ研究では多様な

手法により研究がおこなわれてきたのに対して，知識コモンズ研究では5章で
みたシュヴェイクとイングリッシュによる研究など一部の例外を除いて定量
的・数理的手法の適用は見られない。今後の知識コモンズ研究の発展のために
は，これらの手法を用いて多角的に知見を蓄積していくとともに，その適用の
ためのデータ基盤の整備を進めていくことが必要となると考えられる。

9.3　知識コモンズ研究の意義

　本書の第II部では知識コモンズ研究の知見がどう応用・実装されているの
かを各論的に概説してきた。6章では，GKCアプローチの方法論を日本の研
究データガバナンスの分析に応用した筆者による研究を取り上げた。7章では，
ヨーロッパ最大のデジタルアーカイブであるEuropeanaの制度設計にIADア
プローチの知見が取り入れられていることを示した。8章では，学術情報のオ
ープンアクセスの動向と知識コモンズ研究の関わりを論じるとともに，学術的
な単行書のオープンアクセス化を進めるCOPIMという取り組みにIADアプ
ローチやGKCアプローチの知見が影響を与えていることを示した。これらを
踏まえると，現在までの知識コモンズ研究の意義としては以下の3点が考えら
れる。

　第一に，知識資源を管理する方法として，コミュニティ・ガバナンスという
選択肢がありうることを示した点があげられる。伝統的コモンズ研究の主な成
果の一つは，自然資源を管理する方法として，私的所有制と公的所有制のほか
に共的所有制という第三の道があることを突き止めた点にあった。これと同様
に，知識資源を管理する方法としても，知的財産権により個人や企業が占有す
るという方法や，公的助成や立法措置によるデフォルトでのパブリックドメイ
ン化という方法に加えて，知的財産権法を踏まえつつもコミュニティが主体的
に利用規則や規範といった制度を形成することで知識資源の生産や共有をおこ
なうという方法もありうることを知識コモンズ研究は示している。8章でみた
新たなオープンアクセスのあり方の構想やダイヤモンドOAに関する取り組
みなどは，知識コモンズ研究のこうした側面の影響を受けているといえる。

　第二の意義として，知識コモンズ研究の理論的な知見は知識資源の共有のた

めの制度設計をおこなう際の指針となることがあげられる。7章でみた Europeana や 8 章でみた COPIM および OBC には，設計原理をはじめとして，IAD アプローチによって知識資源の文脈に持ち込まれるようになった知見が直接的に反映されている。また，黎明期の知識コモンズ研究と CC ライセンスの関係も，広い意味では知識コモンズ研究の知見が制度設計に活用された例に含めることができるかもしれない。Europeana が Google Books の存在を念頭に成立してきたように，私企業によるプラットフォームの囲い込みや寡占化が問題視されるなかその対抗策としてコミュニティ・ガバナンスやオープンなインフラへの注目が高まっていることを考えると，知識コモンズ研究の知見を制度設計の指針とする事例は今後増加していくことが予想される。

　最後に，知識コモンズ研究は知識資源のガバナンスという複雑かつ曖昧な事象を見通すためのツールとして有用である。6 章でみたように，ガバナンスやオープン性といった概念に関する知見や GKC フレームワークを活用することで，知識資源のガバナンスを実証的に分析するための枠組みを構築することができるようになった。また 8 章でみたように，知識コモンズ研究の知見はオープンアクセスの実践活動において注力するべき事柄や避けるべき危機についての示唆を与えるものとしてとらえられていた。換言すると，知識コモンズ研究は知識資源のガバナンスのあり方を検討するための枠組みと語彙を提供してくれる研究領域であるといえる。こうした知見は，これからガバナンスのための制度設計をおこなおうとする際には議論の基盤となり，既存の事例におけるガバナンスの方法を分析する際にはその解像度を高めてくれる一種のレンズとして機能する。

9.4　本書の限界

　最後に本書の限界について述べる。本書の第 I 部では，知識コモンズ研究の展開を大きく 4 段階に区分して説明をおこなった。しかし，実際の知識コモンズ研究は必ずしも単線的・直線的に進んできているわけではない。前の段階の研究成果を踏まえて，それが抱えていた課題に応える形で次の段階へと研究が進展してきたのは確かであるが，一方で前の段階が次の段階へと完全に置き換

えられるわけではない。たとえば黎明期に提起された CBPP に関する研究や IAD アプローチに依拠する研究は，現在でも GKC アプローチと並行しておこなわれている。また，特に GKC アプローチは IAD アプローチと連続的であり，両者を明確に区分しない研究もある。したがって，本書で採用した知識コモンズ研究の区分はあくまで便宜的なものであり，現実を単純化して表現したものに過ぎない。

また，本書ではオストロムによる一連の研究を軸として，それとの関係において知識コモンズ研究の展開を整理してきた。しかし，1.1 で述べたようにコモンズは一種のバズワードでもあるのと同様，研究の世界においても「（知識）コモンズ」という語は本書で論じてきたのとはまったく異なる意味合いで使われることもある。本書は，こうした知識コモンズを冠するあらゆる研究や事例を網羅しているわけではない。

最後に，第 II 部で取り上げた知識コモンズ研究の社会実装の事例について，本書であつかうことができたのは学術情報やデジタルアーカイブなど，非営利的な組織が主なアクターとなる事例に偏っている。これはひとえに著者の見識の狭さに由来する限界である。特に GKC アプローチ以降の知識コモンズ研究は特許プールなど営利企業が関わる事例を対象とすることも多いことから，ビジネスの世界で知識コモンズ研究の知見が実装されている事例が存在することも十分に予期される。また，以上と関連して，プライバシーや市場経済との関係という現在の GKC アプローチが開拓しつつある最新の研究動向についても断片的にふれることしかできなかった。これらについては今後の課題として，本書以降も知識コモンズ研究の動向を継続的に注視していきたいと考えている。

参考文献

（ウェブ上の情報についてはすべて 2023 年 8 月 5 日に確認した。）

Abbott, R. (2017). The sentinel initiative as a cultural commons. In Frischmann, B. M., Madison, M. J., Strandburg, K. J., Frischmann, B. M., & Madison, M. J. (Eds.), *Governing Medical Knowledge Commons* (pp. 121-143). Cambridge University Press.

Abraham, R., Schneider, J., & vom Brocke, J. (2019). Data governance: A conceptual framework, structured review, and research agenda. *International Journal of Information Management*, 49, 424-438.

Adema, J., & Moore, S. (2021). Scaling small; or how to envision new relationalities for knowledge production. *Westminster Papers in Communication and Culture*, 16(1), 27-45.

Adema, J., & Rutten, P. (2010). *Digital monographs in the humanities and social sciences: Report on user needs*. OAPEN, 144. https://oapen.fra1.digitaloceans paces.com/b59f85bb2be5455ba48492b3112197c7.pdf

Adhikari, B. (2001). *Literature review on the economics of common property resources: Review of Common Pool Resource Management in Tanzania*. https://hdl.handle.net/10535/4545

An, M. Y., & Peng, I. (2016). Diverging paths? A comparative look at childcare policies in Japan, South Korea and Taiwan. *Social Policy and Administration*, 50(5), 540-558.

Anderson, R. (2018). *Scholarly communication* (What everyone needs to know). Oxford University Press.

Aoki, K. (1998). Neocolonialism, anticommons property, and biopiracy in the (not-so-brave) new world order of international intellectual property protection. *Indiana Journal of Global Legal Studies*, 11-58.

Aoki, M. (2001). *Toward a comparative institutional analysis* (Comparative institutional analysis Vol. 2). MIT Press. (青木昌彦. 滝沢弘和・谷口和弘訳. (2007). 比較制度分析に向けて（叢書「制度を考える」）. NTT 出版.)

Aoki, M. (2010). *Corporations in evolving diversity: Cognition, governance, and institutions* (Clarendon lectures in management studies). Oxford University Press. (青木昌彦. 谷口和弘訳. (2011). コーポレーションの進化多様性：集合認知・ガバナンス・制度（叢書「制度を考える」）. NTT 出版.)

Arnold, J. E. M., & Campbell, J. G. (1986). Collective management of hill forests in Nepal: the community forestry development project. *Proceedings of the Conference on Common Property Resource Management*, 425, 464.

Benkler, Y. (1998). The commons as a neglected factor of information policy. *26th Annual Telecommunications Research Conference*.

Benkler, Y. (2002). Coase's penguin, or, Linux and the nature of the firm. *Yale Law Journal*, 112, 369–446.

Benkler, Y. (2004). Commons-based strategies and the problems of patents. *Science*, 305(5687), 1110–1111.

Benkler, Y. (2006). *The wealth of networks: How social production transforms markets and freedom.* Yale University Press.

Benkler, Y. (2013). Commons and growth: The essential role of open commons in market economies. *University of Chicago Law Review*, 80(3), 1499–1555.

Benkler, Y. (2014). Between Spanish huertas and the open road: A tale of two commons? In Frischmann, B. M., Madison, M. J., & Strandburg, K. J. (Eds.), *Governing Knowledge Commons* (pp. 69–98). Oxford University Press.

Benkler, Y., & Nissenbaum, H. (2006). Commons-based peer production and virtue. *Journal of Political Philosophy*, 14(4).

Bertacchini, E., & Borrione, P. (2012). Virtual worlds, online gaming communities and cultural commons. In Bertacchini, E., Bravo, G., & Marrelli, M. (Eds.), *Cultural Commons: A New Perspective on the Production and Evolution of Cultures* (pp. 208–227). Edward Elgar Publishing.

Bollier, D. (2002). *Silent theft: The private plunder of our common wealth.* Routledge.

Borgman, C. L. (2015). *Big data, little data, no data: Scholarship in the networked world.* The MIT Press.

Bosman, J., Frantsvåg, J. E., Kramer, B., Langlais, P.-C., & Proudman, V. (2021). OA diamond journals study part 1: Findings. https://doi.org/10.5281/zenodo.4558704

Boyle, J. (1996). *Shamans, software, and spleens: Law and the construction of the information society.* Harvard University Press.

Boyle, J. (2008). The public domain: Enclosing the commons of the mind. Yale University Press, 2008.

Bromley, D. W., & Cernea, M. M. (1989). *The management of common property natural resources: Some conceptual and operational fallacies* (Vol. 57). World Bank Publications.

Bubela, T., Adams, R., Chandrasekharan, S., Mishra, A., & Lin, S. (2017). Governance of biomedical research commons to advance clinical translation: Lessons from the mouse model community. In Frischmann, B. M., Madison, M. J., Strandburg, K. J., Frischmann, B. M., & Madison, M. J. (Eds.), *Governing Medical Knowledge Commons* (pp. 222–258). Cambridge University Press.

Ciccia, R. (2017). A two-step approach for the analysis of hybrids in comparative social policy analysis: A nuanced typology of childcare between policies and regimes. *Quality and Quantity*, 51 (6), 2761–2780.

Ciccia, R., & Verloo, M. (2012). Parental leave regulations and the persistence of the male breadwinner model: Using fuzzy-set ideal type analysis to assess gender equality in an enlarged Europe. *Journal of European Social Policy*, 22 (5), 507–528.

Cole, D. H. (2014). Learning from Lin: Lessons and cautions from the natural commons for the knowledge commons. In Frischmann, B. M., Madison, M. J., & Strandburg, K. J. (Eds.), *Governing Knowledge Commons* (pp. 45–68). Oxford University Press.

Collier, D., LaPorte, J., & Seawright, J. (2012). Putting typologies to work: Concept formation, measurement, and analytic rigor. *Political Research Quarterly*, 65 (1), 217–232.

Contreras, J. (2011). Data sharing, latency variables, and science commons. *Berkeley Technology Law Journal*, 25, 1601–1672.

Contreras, J. (2011). Bermuda's legacy: Policy, patents and the design of the genome commons. *Minnesota Journal of Law, Science & Technology*, 12, 61–125.

Contreras, J. L. (2014). Constructing the genome commons. In Frischmann, B. M., Madison, M. J., & Strandburg, K. J. (Eds.), *Governing Knowledge Commons* (pp. 99–136). Oxford University Press.

Contreras, J. L. (2017). Leviathan in the commons: Biomedical data and the state. In Frischmann, B. M., Madison, M. J., Strandburg, K. J., Frischmann, B. M., & Madison, M. J. (Eds.), *Governing Medical Knowledge Commons* (pp. 19–45). Cambridge University Press.

Contreras, J. L., & Reichman, J. H. (2016). Sharing by design: Data and decentralized commons. *Science*, 350 (6266), 1312–1314.

Coombe, R. J. (1998). Intellectual property, human rights & sovereignty: New dilemmas in international law posed by the recognition of indigenous knowledge and the conservation of biodiversity. *Indiana Journal of Global Legal Studies*, 59–115.

Cox, J. C., & Swarthout, J. T. (2007). EconPort: Creating and maintaining a knowledge commons. In Hess, C., & Ostrom, E. (Eds.), *Understanding Knowledge as a Commons: From Theory to Practice* (pp. 333–347). MIT Press.

Crawford, S. E. S., & Ostrom, E. (1995). A grammar of institutions. *American Po-*

litical Science Review, 89(3), 582-600.

Daniels, B. (2014). Legispedia. In Frischmann, B. M., Madison, M. J., & Strandburg, K. J. (Eds.), *Governing Knowledge Commons* (pp. 445-468). Oxford University Press.

Darling, K., & Perzanowski, A. (2017). *Creativity without law: Challenging the assumptions of intellectual property*. New York University Press.

Dawes, R. M. (1980). Social dilemmas. *Annual Review of Psychology, 31*(1), 169-193.

Dekker, E., & Kuchař, P. (2022). *Governing markets as knowledge commons* (Cambridge studies on governing knowledge commons). Cambridge University Press.

Dietz, T., Dolšak, N., Ostrom, E., & Stern, P. C. (2002). The Drama of the Commons. In National Research Council Committee on the Human Dimensions of Global Change & Ostrom, E., Dietz, T., Dolšak, N., Stern, P. C., Stonich, S. C, Weber, E. U. (Eds.), *The Drama of the Commons* (pp. 3-35). National Academy Press.

Edwards, L., & Escande, A. (2015). *MS21: White paper European cultural commons*. https://pro.europeana.eu/files/Europeana_Professional/Projects/Project_list/Europeana_Version3/Milestones/Ev3 MS20 Cultural Commons White Paper.pdf

Eggertsson, T. (2010). Mapping social technologies in the cultural commons. *Cornell Law Review, 95*(4), 711-732.

Europeana. (2010). *Europeana strategic plan 2011-2015*. https://pro.europeana.eu/files/Europeana_Professional/Publications/Strategic%20Plan%202011-2015%20%28colour%29.pdf

Europeana. (2014). *Europeana strategy 2015-2020*. https://pro.europeana.eu/files/Europeana_Professional/Publications/Europeana%20Strategy%202020.pdf

Europeana. (2020). *Europeana strategy 2020-2025*. https://pro.europeana.eu/files/Europeana_Professional/Publications/EU2020StrategyDigital_May2020.pdf

Europeana Foundation. (2016). *Business plan 2016*. https://pro.europeana.eu/files/Europeana_Professional/Publications/europeana-bp-2016.pdf

Europeana Foundation. (2019). *Europeana Foundation business plan 2019: Our common culture*. https://pro.europeana.eu/files/Europeana_Professional/Publications/Europeana Business Plan 2019_V1.1.pdf

Europeana Foundation. (2021). *Europeana DSI-4 annual report 2020-2021*. https://pro.europeana.eu/files/Europeana_Professional/Publications/DSI4 Y3_Annual Report_V0.9_Per-version for Pro.pdf

Europeana Network Association. (2021). *ENA community terms of reference 2021*.

https://pro.europeana.eu/files/Europeana_Professional/Europeana_Network/General/ENA-Community-Terms-of-Reference-2021.pdf

European Commission, Directorate-General for the Information Society and Media, Lévy, M., Niggemann, E., & De Decker, J. (2011). *The new renaissance: Report of the Comité des Sages on bringing Europe's cultural heritage online.* Publications Office. https://doi.org/doi/10.2759/45571

Eve, M. P. (2021). *Diamond mining.* Plan S. https://www.coalition-s.org/blog/diamond-mining/

Eve, M. P., & Byers, A. (2018). Janeway: A scholarly communications platform. *Insights the UKSG Journal,* 31. https://doi.org/10.1629/uksg.396

Eve, M. P., & Lockett, A. (2021). Communities, commoning, open access and the humanities: An interview with Martin Eve. *Westminster Papers in Communication and Culture,* 16(1), 65-73.

Eve, M. P., Vega, P. C., & Edwards, C. (2020). Lessons from the Open Library of Humanities. *LIBER Quarterly: The Journal of the Association of European Research Libraries,* 30(1), 1-18.

Fagundes, D. (2014). Labor and/as love: Exploring the commons of roller derby. In Frischmann, B. M., Madison, M. J., & Strandburg, K. J. (Eds.), *Governing Knowledge Commons* (pp. 417-444). Oxford University Press.

Feeny, D., Berkes, F., McCay, B. J., & Acheson, J. M. (1990). The tragedy of the commons: Twenty-two years later. *Human Ecology,* 18(1), 1-19.

Finch Group. (2012). *Accessibility, sustainability, excellence: How to expand access to research publications.* https://www.sconul.ac.uk/sites/default/files/documents/finch-report-final.pdf

Frischmann, B. M. (2012). *Infrastructure: The social value of shared resources.* Oxford University Press.

Frischmann, B. M. (2013). Two enduring lessons from Elinor Ostrom. *Journal of Institutional Economics,* 9(4), 387-406.

Frischmann, B. M., Madison, M. J., & Strandburg, K. J. (2014). Governing knowledge commons. In Frischmann, B. M., Madison, M. J., & Strandburg, K. J. (Eds.), *Governing Knowledge Commons* (pp. 1-43). Oxford University Press.

Frischmann, B. M., Madison, M. J., & Strandburg, K. J. (Eds.) (2014). *Governing knowledge commons.* Oxford University Press.

Frischmann, B., Madison, M., & Sanfilippo, M. (Eds.). (2023). *Governing smart cities as knowledge commons* (Cambridge studies on governing knowledge commons). Cambridge University Press.

George, A. L., & Bennett, A. (2005). *Case studies and theory development in the social sciences* (BCSIA studies in international security). MIT Press. （ジョージ，

A. L., ベネット, A. 泉川泰博訳. (2013). 社会科学のケース・スタディ：理論形成のための定性的手法. 勁草書房.)

Gordon, H. S. (1954). The economic theory of a common-property resource: the fishery. *Journal of Political Economy*, 62(2), 124-142.

Gordon, W. J. (2010). Discipline and nourish: On constructing commons. *Cornell Law Review*, 95(4).

Grimmelmann, J. (2009). The internet is a semicommons. *Fordham Law Review*, 78, 2799.

Gurumurthy, A., & Chami, N. (2022). *Governing the resource of data: To what end and for whom?* https://itforchange.net/sites/default/files/1741/WP23-Governing-the-Resource-of-Data-AG-NC.pdf

Gyuris, F. (2014). Basic education in Communist Hungary: A commons approach. *International Journal of the Commons*, 8(2), 531-553.

Hagiu, A. (2009). Multi-sided platforms: From microfoundations to design and expansion strategies. *Harvard Business School Strategy Unit Working Paper* (Issues 09-115).

Hardin, G. (1968). The tragedy of the commons. *Science*, 162, 1243-1248.

Hardin, G. J., & Baden, J. (1977). *Managing the commons*. W. H. Freeman.

Harnad, S. (1995). Overture: The subversive proposal. In A. Okerson & J. J. O'Donnell (Eds.), *Scholarly journals at the crossroads: A subversive proposal for electronic publishing: An Internet discussion about scientific and scholarly journals and their future* (pp. 11-12). Office of Scientific & Academic Publishing, Association of Research Libraries.

Heller, M. A. (1998). The tragedy of the anticommons: Property in the transition from Marx to markets. *Harvard Law Review*, 111(3), 621-688.

Heller, M. A., & Eisenberg, R. S. (1998). Can patents deter innovation? The anticommons in biomedical research. *Science*, 280(5364), 698-701.

Hess, C. (2000). *Is there anything new under the sun? A discussion and survey of studies on new commons and the internet.* http://hdl.handle.net/10535/384

Hess, C. (2008). *Mapping the new commons*. https://doi.org/10.2139/ssrn.1356835

Hess, C. (2012). The unfolding of the knowledge commons. *St Antony's International Review*, 8(1), 13-24.

Hess, C., & Ostrom, E. (2003). Ideas, artifacts, and facilities: Information as a common-pool resource. *Law and Contemporary Problems*, 66(1/2), 111-145.

Hess, C., & Ostrom, E. (2007). Introduction: An Overview of the Knowledge Commons. In C. Hess & E. Ostrom (Eds.), *Understanding Knowledge as a Commons: From Theory to Practice* (pp. 3-26). MIT Press.

Hess, C., & Ostrom, E. (Eds.). (2007). *Understanding knowledge as a commons:*

From theory to practice. MIT Press.

Heverly, R. A. (2003). The information semicommons. *Berkeley Technology Law Journal*, 18, 1127.

Hippel, E. von. (2005). *Democratizing innovation*. MIT Press.

Hudson, J., & Kuehner, S. (2013). Beyond indices: The potential of fuzzy set ideal type analysis for cross-national analysis of policy outcomes. *Policy and Society*, 32(4), 303-317.

Huh, T., Kim, Y., & Kim, J. H. (2018). Towards a green state: A comparative study on OECD countries through fuzzy-set analysis. *Sustainability*, 10(9).

Jeanneney, J. N. (2010). *Quand Google défie l'Europe: Plaidoyer pour un sursaut*. In *Essai* (3e éd. rev., augm. et mise à jour avec une postface inédite). Mille et une nuits. (ジャンヌネー, J. N. 佐々木勉訳. (2007). Google との闘い：文化の多様性を守るために. 岩波書店.)

Joy, E. A. F., & Adema, J. (2022). *Open Book Collective: Our organisational model*. https://doi.org/https://doi.org/10.21428/785a6451.13890eb3

Kiser, L., & Ostrom, E. (1982). The three worlds of action: A metatheoretical synthesis of institutional approaches. *Strategies of Political Inquiry*, 179-222.

Kowalewska, H. (2017). Beyond the ``train-first'/|"|work-first' dichotomy: How welfare states help or hinder maternal employment. *Journal of European Social Policy*, 27(1), 3-24.

Kranich, N. (2007). Countering enclosure: Reclaiming the knowledge commons. In Hess, C., & Ostrom, E. (Eds.), *Understanding Knowledge as a Commons: From Theory to Practice* (pp. 85-122). MIT Press.

Kvist, J. (1999). Welfare reform in the Nordic countries in the 1990s: Using fuzzy-set theory to assess conformity to ideal types. *Journal of European Social Policy*, 9(3), 231-252.

Kvist, J. (2007). Fuzzy set ideal type analysis. *Journal of Business Research*, 60(5), 474-481.

Laerhoven, F. van, & Ostrom, E. (2007). Traditions and trends in the study of the commons. *International Journal of the Commons*, 1(1), 3-28.

Laerhoven, F. van, Schoon, M., & Villamayor-Tomas, S. (2020). Celebrating the 30th anniversary of Ostrom's governing the commons: Traditions and trends in the study of the commons, revisited. *International Journal of the Commons*, 14(1), 208-224.

Lawson, S. (2019). *Open access policy in the UK: From neoliberalism to the commons* [Birkbeck, University of London]. https://hcommons.org/deposits/objects/hc:23662/datastreams/CONTENT/content

Lessig, L. (2001). *The future of ideas: The fate of the commons in a connected world*. Random House. (レッシグ, L. 山形浩生訳. (2002). コモンズ：ネット上の所有権強化は技術革新を殺す. 翔泳社.)

Litman, J. (1990). The public domain. *Emory Law Journal*, 39, 965.

Lloyd, W. F. (1833). *Two lectures on the checks to population: Delivered before the university of Oxford, in Michaelmas Term 1832*. S. Collingewood. https://upload.wikimedia.org/wikipedia/commons/3/34/Two_Lectures_on_the_Checks_to_Population.pdf

Lougee, W. P. (2007). Scholarly communication and libraries unbound: The opportunity of the commons. In Hess, C., & Ostrom, E. (Eds.), *Understanding Knowledge as a Commons: From Theory to Practice* (pp. 311-332). MIT Press.

Macbeth, S., & Pitt, J. V. (2015). Self-organising management of user-generated data and knowledge. *Knowledge Engineering Review*, 30(3, SI), 237-264.

Macey, G. P. (2010). Cooperative Institutions in Cultural Commons. *Cornell Law Review*, 95(4), 757-792.

Machlup, F. (1983). Semantic quirks in studies of information. In F. Machlup & U. Mansfield (Eds.), *The study of information: Interdisciplinary messages* (pp. 641-671).

Madison, M. J. (2014). Commons at the intersection of peer production, citizen science, and big data: Galaxy Zoo. In Frischmann, B. M., Madison, M. J., & Strandburg, K. J. (Eds.), *Governing Knowledge Commons* (pp. 209-254). Oxford University Press.

Madison, M. (2020). Tools for Data Governance. *Technology and Regulation*, 2020, 29-43.

Madison, M. J., Frischmann, B. M., & Strandburg, K. J. (2009). The university as constructed cultural commons. *Washington University Journal of Law and Policy*, 30.

Madison, M. J., Frischmanrrff, B. M., & Strandburg, K. J. (2010a). Constructing commons in the cultural environment. *Cornell Law Review*, 95(4), 657-709. https://doi.org/10.2139/ssrn.1265793

Madison, M. J., Frischmanrrff, B. M., & Strandburg, K. J. (2010b). Reply: The complexity of commons. *Cornell Law Review*, 95(793), 95-807.

Madison, M. J., Strandburg, K. J., & Frischmann, B. M. (2016). Knowledge commons *University of Pittsburgh legal studies research paper* 2016-28. https://ssrn.com/abstract=2841456

Madison, M. J., Strandburg, K. J., & Frischmann, B. M. (2019). Knowledge commons. *University of Pittsburgh legal studies research paper* 2018-39. https://ssrn.com/abstract=3300348

Martin, F. (1989). *Common pool resources and collective action: A bibliography*. Indiana University.

McGinnis, M. D., & Ostrom, E. (2014). Social-ecological system framework: Initial changes and continuing challenges. *Ecology and Society*, 19(2).

McLeod, K. (2001). *Owning culture: Authorship, ownership and intellectual property law*. Peter Lang.

Merges, R. P. (2010). Individual creators in the cultural commons. *Cornell Law Review*, 95(4), 793-805.

Meyer, P. B. (2014). An inventive commons: Shared sources of the airplane and its industry. In Frischmann, B. M., Madison, M. J., & Strandburg, K. J. (Eds.), *Governing Knowledge Commons* (pp. 341-364). Oxford University Press.

Moore, S. (2019). *Common struggles: Policy-based vs. scholar-led approaches to open access in the humanities* [King's College London]. https://hcommons.org/deposits/item/hc:24135/

Moore, S. (2021). *Exploring models for community governance*. https://doi.org/https://doi.org/10.21428/785a6451.0304a2a8

Morell, M. F. (2010). *Governance of online creation communities: Provision of infrastructure for the building of digital commons* [Europeana University Institute]. http://www.onlinecreation.info/wp-content/uploads/2007/12/final_final_mayofustermorell_spsthesisaugust2010_final_vere280a6.pdf

Morell, M. F. (2014). Governance of online creation communities for the building of digital commons: Viewed through the framework of institutional analysis and development. In Frischmann, B. M., Madison, M. J., & Strandburg, K. J. (Eds.), *Governing Knowledge Commons* (pp. 281-312). Oxford University Press.

Morrison, H., Borges, L., Zhao, X., Kakou, T. L., & Shanbhoug, A. N. (2022). Change and growth in open access journal publishing and charging trends 2011-2021. *Journal of the Association for Information Science and Technology*. https://doi.org/10.1002/asi.24717

Nishikawa, K. (2020). How are research data governed at Japanese repositories? A knowledge commons perspective. *Aslib Journal of Information Management*, 72(5), 837-852.

Nissenbaum, H. F. (2010). *Privacy in context: Technology, policy, and the integrity of social life*. Stanford Law Books.

North, D. C. (1990). *Institutions, institutional change and economic performance* (Political economy of Institutions and decisions). Cambridge University Press. (ノース, D. C. 竹下公視訳. (1994). 制度・制度変化・経済成果. 晃洋書房.)

North, D. C. (2005). *Understanding the process of economic change* (The Princeton economic history of the western world). Princeton University Press. (ノース, D. C. 水野孝之・川嶋稔哉・高槻泰郎・結城武延・滝沢弘和・中林真幸訳. (2016). ダグラス・ノース制度原論. 東洋経済新報社.)

Open Knowledge Foundation. (2015). *Open definition 2.1.* https://opendefinition. org/od/2.1/en/

Open Knowledge Foundation. (2017). *Global Open Data Index Methodology.* https://index.okfn.org/methodology/

Ostrom, E. (1990). *Governing the commons: The evolution of institutions for collective action.* Cambridge University Press. (オストロム, E. 原田禎夫・齋藤暖夫・嶋田大作訳. (2022). コモンズのガバナンス：人びとの協働と制度の進化. 晃洋書房.)

Ostrom, E. (2005). *Understanding institutional diversity.* Princeton University Press.

Ostrom, E. (2010). The institutional analysis and development framework and the commons. *Cornell Law Review, 95,* 807-816.

Ostrom, E. (2011). Background on the institutional analysis and development framework. *Policy Studies Journal, 39*(1), 7-27.

Ostrom, E., & Hess, C. (2007). A framework for analyzing the knowledge commons. In Hess, C., & Ostrom, E. (Eds.), *Understanding Knowledge as a Commons: From Theory to Practice* (pp. 41-81). MIT Press.

Ostrom, V., & Ostrom, E. (1977). Public goods and public choices. In E. S. Savas (Ed.), *Alternatives for Delivering Public Services: Toward Improved Performance* (pp. 7-49). Westview Press.

Ostrom, E., Gardner, R., & Walker, J. (1994). *Rules, games, and common-pool resources.* University of Michigan press.

Panel for the Future of Science and Technology. (2022). *Governing data and artificial intelligence for all: Models for sustainable and just data governance.* https://www.europarl.europa.eu/RegData/etudes/STUD/2022/729533/EPRS_ STU(2022)729533_EN.pdf

Piper, S. T. (2014). How war creates commons: General McNaughton and the National Research Council, 1914-1939. In Frischmann, B. M., Madison, M. J., & Strandburg, K. J. (Eds.), *Governing Knowledge Commons* (pp. 391-416). Oxford University Press.

Piwowar, H., Priem, J., & Orr, R. (2019). *The future of OA: A large-scale analysis projecting open access publication and readership.* BioRxiv, 795310. https://doi. org/10.1101/795310

Rihoux, B., & Ragin, C. C. (2009). *Configurational comparative methods: Qualitative comparative analysis (QCA) and related techniques* (Applied social research methods series: Vol. 51). Sage.

Rose, C. (1986). The comedy of the commons: custom, commerce, and inherently public property. *The University of Chicago Law Review*, 53(3), 711-781.

Sanfilippo, M. R., Frischmann, B. M., & Strandburg, K. J. (2021). Privacy and knowledge commons. In B. M. Frischmann, K. J. Strandburg, & M. R. Sanfilippo (Eds.), *Governing Privacy in Knowledge Commons* (pp. 5-50). Cambridge University Press.

Sanfilippo, M. R., Frischmann, B. M., & Strandburg, K. J. (Eds.) (2021). *Governing privacy in knowledge commons* (Cambridge studies on governing knowledge commons). Cambridge University Press.

Scheliga, K., & Friesike, S. (2014). Putting open science into practice: A social dilemma? *First Monday*, 19.

Scholz, H., & Europeana Foundation. (2015). *D1.1: Recommendations to improve aggregation infrastructure.* https://pro.europeana.eu/files/Europeana_Profe ssional/Projects/Project_list/Europeana_Version3/Deliverables/EV3 D1_1 Aggregation Infrastructure.pdf

Schweik, C. M. (2007). Free/open-source software as a framework for establishing commons in science. In Hess, C., & Ostrom, E. (Eds.), *Understanding Knowledge as a Commons: From Theory to Practice* (pp. 277-310). MIT Press.

Schweik, C. M. (2014). Toward the comparison of open source commons institutions. In Frischmann, B. M., Madison, M. J., & Strandburg, K. J. (Eds.), *Governing Knowledge Commons* (pp. 255-280). Oxford University Press.

Schweik, C. M., & English, R. C. (2012). *Internet success: A study of open-source software commons.* MIT Press.

Scott, A. (1955). The fishery: The objectives of sole ownership. *Journal of Political Economy*, 63(2), 116-124.

Smith, H. E. (2000). Semicommon property rights and scattering in the open fields. *The Journal of Legal Studies*, 29(1), 131-169.

Smith, H. E. (2005). Governing the tele-semicommons. *Yale Journal on Regulation*, 22(2), 289-314.

Smith, H. E. (2007). Intellectual property as property: Delineating entitlements in information. *The Yale Law Journal*, 116(8), 1742-1822.

Solove, D. J. (2002). Conceptualizing privacy. *California Law Review*, 1087-1155.

Solum, L. B. (2010). Questioning cultural commons. *Cornell Law Review*, 95(4), 817-837.

Srbljinovic, A., Bakic-Tomic, L., & Bozic, J. (2008). Virtual communities as commons: Case study of "Connect." *Interdisciplinary Description of Complex Systems*, 6.

Strandburg, K. J., Frischmann, B. M., & Cui, C. (2014). The rare diseases clinical research network and the urea cycle disorders consortium as nested knowledge commons. In Frischmann, B. M., Madison, M. J., & Strandburg, K. J. (Eds.), *Governing Knowledge Commons* (pp. 155-208). Oxford University Press.

Strandburg, K. J., Frischmann, B. M., & Madison, M. J. (2017). Governing knowledge commons: An appraisal. In Frischmann, B. M., Madison, M. J., Strandburg, K. J., Frischmann, B. M., & Madison, M. J. (Eds.), *Governing Medical Knowledge Commons* (pp. 421-429). Cambridge University Press.

Suber, P. (2007). Creating an intellectual commons through open access. In Hess, C., & Ostrom, E. (Eds.), *Understanding Knowledge as a Commons: From Theory to Practice* (pp. 171-208). MIT Press.

Thylstrup, N. B. (2018). *The politics of mass digitization*. The MIT Press.

UNESCO. (2021). *UNESCO recommendation on open science*. https://unesdoc.unesco.org/ark:/48223/pf0000379949.locale=en

Vis, B. (2007). States of welfare or states of workfare? Welfare state restructuring in 16 capitalist democracies, 1985-2002. *Policy & Politics*, 35(1), 105-122.

Weber, M. (1904). Die "objektivität" sozialwissenschaftlicher und sozialpolitischer erkenntnis. *Archiv Für Sozialwissenschaft Und Sozialpolitik*, 1(19), 22-87. (ウェーバー, M. 富永祐治, 立野保男, 折原浩訳. (1998). 社会科学と社会政策にかかわる認識の「客観性」. (岩波文庫：白(34)209). 岩波書店.)

Wilkinson, M. D., Dumontier, M., Aalbersberg, Ij. J., Appleton, G., Axton, M., Baak, A., Blomberg, N., Boiten, J.-W., Santos, L. B. da S., Bourne, P. E., Bouwman, J., Brookes, A. J., Clark, T., Crosas, M., Dillo, I., Dumon, O., Edmunds, S., Evelo, C. T., Finkers, R., ... Mons, B. (2016). Comment: The FAIR guiding principles for scientific data management and stewardship. *Scientific Data*, 3. https://doi.org/10.1038/sdata.2016.18

World Wide Web Foundation. (2017). *Open data barometer leaders edition research handbook*. https://opendatabarometer.org/doc/leadersEdition/ODB-leaders Edition-ResearchHandbook.pdf

阿蘸品治夫. (2005). 機関リポジトリを軌道に乗せるため為すべき仕事：千葉大学の初期経験を踏まえて. 情報管理, 48(8), 496-508.

池内有為. (2019). 日本の研究者によるデータ公開の実践状況と認識. [博士論文, 筑波大学]. つくばリポジトリ. https://tsukuba.repo.nii.ac.jp/record/52748/files/DB02937_rev.pdf

池内有為・林和弘. (2020). 研究データ公開と論文のオープンアクセスに関する実態調査2018. (NISTEP RESEARCH MATERIAL 289). https://doi.org/10.15108/rm289

井上真. (1997). コモンズとしての熱帯林：カリマンタンでの実証調査をもとにして. 環境社会学研究, 3, 15-32.

井上真. (2004). コモンズの思想を求めて：カリマンタンの森で考える. In 新世界事情. 岩波書店.

研究データ利活用協議会. (2019). 研究データの公開・利用条件指定ガイドライン. https://japanlinkcenter.org/rduf/doc/rduf_license_guideline.pdf

白田秀彰. (1998). コピーライトの史的展開. (知的財産研究叢書 2). 信山社出版.

菅豊. (2008). コモンズの喜劇：人類学がコモンズ論に果たした役割. 井上真編, コモンズ論の挑戦：新たな資源管理を求めて（pp. 2-19）. 新曜社.

菅豊. (2010). ローカル・コモンズという原点回帰：「地域文化コモンズ論」へ向けて. 山田奨治編. コモンズと文化：文化は誰のものか（pp. 263-291）. 東京堂出版.

杉本豪. (2015). Europeana とこれからのデジタル・アーカイブ：創設メンバーが見る過去と未来. 岡本真・柳与志夫編, デジタル・アーカイブとは何か：理論と実践（pp. 201-237）. 勉誠出版.

大学 ICT 推進協議会（AXIES）. (2019). 学術機関における研究データ管理に関する提言. https://rdm.axies.jp/sig/57/

大学図書館コンソーシアム連合. (2022). 論文公表実態調査報告 2021 年度. https://contents.nii.ac.jp/sites/default/files/justice/2022-03/2021_ronbunchosa_0.pdf

デジタルアーカイブの連携に関する関係省庁等連絡会・実務者協議会. (2017). 我が国におけるデジタルアーカイブ推進の方向性. https://www.kantei.go.jp/jp/singi/titeki2/digitalarchive_kyougikai/houkokusho.pdf

内閣府. (2015). 我が国におけるオープンサイエンス推進のあり方について：サイエンスの新たな飛躍の時代の幕開け. https://www8.cao.go.jp/cstp/sonota/openscience/

内閣府. (2016). 第 5 期科学技術基本計画. https://www8.cao.go.jp/cstp/kihonkeikaku/5honbun.pdf

内閣府. (2018a). 統合イノベーション戦略. https://www8.cao.go.jp/cstp/tougosenryaku/tougo_honbun.pdf

内閣府. (2018b). 国立研究開発法人におけるデータポリシー策定のためのガイドライン. https://www8.cao.go.jp/cstp/stsonota/datapolicy/datapolicy.pdf

内閣府. (2019a). 研究データリポジトリ整備・運用ガイドライン. https://doi.org/10.18908/a.2018041901

名和小太郎. (2006). 情報の私有・共有・公有：ユーザーからみた著作権. (叢書コムニス 03). NTT 出版.

西岡千文, & 佐藤翔. (2021). Unpaywall を利用した日本におけるオープンアクセス状況の調査. 情報知識学会誌, 31(1), 31-50.

西川開. (2021). 知識コモンズの観点による日本の研究データリポジトリにおける研究データガバナンスの分析 [博士論文, 筑波大学]. つくばリポジトリ. https://

tsukuba.repo.nii.ac.jp/record/2002169/files/DA010132.pdf

西川開. (2022). 知識コモンズとデジタルアーカイブ. 数藤雅彦編. 知識インフラの再設計（デジタルアーカイブ・ベーシックス）. (pp. 33-56). 勉誠出版.

日本学術会議. (2014). オープンデータに関する権利と義務：本格的なデータジャーナルに向けて. http://www.scj.go.jp/ja/info/kohyo/pdf/kohyo-22-h140930-3.pdf

日本学術会議. (2016). オープンイノベーションに資するオープンサイエンスのあり方に関する提言. http://www.scj.go.jp/ja/info/kohyo/pdf/kohyo-23-t230.pdf

日本学術会議. (2020). オープンサイエンスの深化と推進に向けて（提言）. http://www.scj.go.jp/ja/info/kohyo/pdf/kohyo-24-t291-1.pdf

浜本隆志. (2013). 海賊党の思想：フリーダウンロードと液体民主主義. 白水社.

福岡真之介, & 松村英寿. (2019). データの法律と契約. 商事法務.

松田政行, & 増田雅史. (2016). Google Books 裁判資料の分析とその評価：ナショナルアーカイブはどう創られるか. 商事法務.

南山泰之. (2016). 研究データ管理における機関リポジトリの可能性. 大学図書館研究, 103, 16-23. https://doi.org/10.20722/jcul.1421

室田武, 坂上雅治, 三俣学, & 泉留維. (2003). 環境経済学の新世紀. 中央経済社.

室田武, & 三俣学. (2004). 入会林野とコモンズ：持続可能な共有の森. 日本評論社.

山岸俊男. (1990). 社会的ジレンマのしくみ：「自分1人ぐらいの心理」の招くもの. (セレクション社会心理学 15). サイエンス社.

山田奨治. (2007). 「海賊版」の思想：18 世紀英国の永久コピーライト闘争. みすず書房.

山田奨治編. (2010). コモンズと文化：文化は誰のものか. 東京堂出版.

山根崇邦. (2020). 知的財産法学における権利論と功利主義の相克（1）知的財産制度の正当化根拠をめぐる論争の一断面. 知的財産法政策学研究＝Intellectual Property Law and Policy Journal, 55, 31-81

あとがき

　本書では知識コモンズ研究の展開の様子とその知見の応用および実装のされ方を見てきた。黎明期の知識コモンズ研究は，知的財産権法の拡大に対抗するために，（知識）コモンズ＝パブリックドメインの重要性を示し，それを保持するための方策を論じてきた。次に，自然資源を対象とするコモンズ研究において確立されてきた方法を導入することで知識コモンズ研究をより系統的・実証的に進めていこうとする試みがあらわれる。この方法を知識資源の性質に合わせて修正・拡張しようとする取り組みは現在にいたるまで続けられており，実際にこの方法にもとづいて多種多様な事例を分析した研究が積み重ねられてきている。こうした方法論的変遷にともない，基本概念である知識コモンズのとらえ方も，パブリックドメインからコミュニティ・ガバナンスへと変わってきている。

　また，研究の発展のなかで，その時々の知識コモンズ研究の知見は知識のガバナンスに関するツールやプロジェクトに反映されてもいる。たとえば，黎明期の知識コモンズ研究はクリエイティブ・コモンズ・ライセンスの開発につながり，実証的な研究方法が導入されるようになって以降の知見は，ヨーロッパのデジタルアーカイブやオープンアクセス，オープンサイエンスに関する国際的な取り組みの制度設計に影響を与えている。他方で，知識コモンズ研究はいまだ発展の途上にあり，理論や方法に関する課題も残されている。

　オストロムは自然資源を対象とする自身の研究成果が，資源管理の万能薬のように受け止められることを危惧していた。たとえば彼女の代表的な発見の一つである設計原理についても，この条件をすべて満たしていればその事例は必ず成功するといった性質のものではない。実際に制度としてのコモンズがうまく機能するかどうかは，その事例を取り巻く環境の変化や，そこにかかわる人々の日常的な意思決定の結果にも依存する。このことは，オストロムの研究

を引き継いだ現在の知識コモンズ研究にも当てはまる。つまり，知識コモンズ研究は，知識のガバナンスをどう設計するべきかという問いに対して，「こうすれば必ずうまくいく」といった明確な答えを出してくれるわけではない。

　それでは，知識コモンズ研究を学ぶ意義はどこにあるのだろうか。オープンサイエンスやデジタルアーカイブなど知識のオープン化に関する動向をみていると，知識のガバナンスのあり方について，オープンかクローズか，もしくは知的財産権による保護かパブリックドメインかといったように，二分法的な枠組みのもとで議論されることも多いように思われる。このとき，本書9章で述べたように，知識コモンズ研究の知見は二分法の間にさまざまな制度を組み合わせた多様なガバナンスの方法がありえることを示唆するとともに，こうしたガバナンスのありようをとらえるための枠組みや語彙を提供し，ときにはガバナンスの具体的な制度設計の指針としても機能する。

　知識コモンズ研究は学際的な研究領域であり，多様な分野の知見を総合して研究が進められている。また，「知識」という言葉の指す範囲が非常に幅広いことから，分析対象に含まれうる事例も多種多様である。こうした広範な研究領域の全容を完全に明らかにするには，残念ながら著者の力量は不足していると言わざるをえない。加えて，知識コモンズ研究それ自体や本書第II部で取り上げた種々の事例はいずれも現在進行中のものであることもあり，本書の記述に誤りや見落としがある可能性は否めない。そのため，本書の至らない点に対しては，読者の皆様にご指摘をいただけると幸いである。

　他方で本書は，これまで知識コモンズ研究がたどってきた道筋を体系的に整理することにはある程度成功しているのではないかと考えている。また，理論や方法に関する知見とそれを活用した実践活動の双方をあつかっていることも本書の特長であると思われる。今後の知識コモンズ研究の発展にとって，理論と実践相互のフィードバックが成立することは重要である。実際の事例の分析を通して理論的な知見を生み出し，今度はその知見を活用してガバナンスの制度設計を洗練化させていく——。本書を手にしていただいた方の関心が理論と実践のいずれにあるにせよ，本書が知識コモンズ研究への理解を深めるための入り口となるとともに，知識のガバナンスのあり方を考える際のヒントとして

役に立つことができれば何よりの幸いである。

　本書の刊行は多くの方々からのご指導とご支援により実現した。本書は筆者が筑波大学大学院図書館情報メディア研究科に提出した博士論文がもとになっている。博士後期課程の主指導教員をしていただいた逸村裕先生，副指導教員をしていただいた高久雅生先生，白井哲哉先生には，研究の進め方から博士論文の書き方に至るまで数々のご示唆とご助言を賜った。一橋大学大学院の生貝直人先生には，博士論文の審査員をしていただくとともに，本書の出版に向けた励ましとご助言をいただいた。大学院の先輩にあたる文教大学の池内有為先生と情報通信総合研究所の鈴木康平様には，博士論文をお読みいただき，特に日本の研究データに関する動向のまとめ方について多くのアドバイスをいただいた。さらに，生貝先生，池内先生，鈴木様には本書の草稿もご確認いただき，多くのご示唆をいただいた。また，本書7章であつかったヨーロッパのデジタルアーカイブ政策については，筆者が筑波大学大学院図書館情報メディア研究科の博士前期課程に在籍していたときから取り組んできたテーマである。当時指導教員をしていただいた現長崎歴史文化博物館館長の水嶋英治先生には，研究に関する数々のご支援をいただくとともに，Europeana の関係者に引き合わせていただいた。同志社大学の原田隆史先生，佐藤翔先生，図書館総合研究所の岡部晋典様には，筆者が研究者の道を志すにあたって多大なるご示唆をいただいた。本書の出版企画に際しては，東京大学大学院の柳与志夫先生に多大なご助力とご助言をいただいた。勁草書房編集部の藤尾やしおさんには，本書の企画と編集を主導していただいた。ほかにも，紙幅の都合上すべての方のお名前をあげることはかなわないが，公私ともに多くの方のお世話になった。この場を借りて深く感謝と御礼を申し上げる。

　　2023 年 9 月

　　　　　　　　　　　　　　　　　　　　　　　　西川　開

初出一覧

（本書への収録にあたり，いずれも全面的な改訂をおこなっている。）

第 4 章・第 5 章：

西川開. (2019). 知識コモンズ研究の系統化に関する理論的考察. 情報知識学会誌, 29 (3), 213-233. https://doi.org/10.2964/jsik_2019_037

第 6 章：

Nishikawa, K. (2020). How are research data governed at Japanese repositories? A knowledge commons perspective. *Aslib Journal of Information Management*, 72(5), 837–852. https://doi.org/10.1108/AJIM-03-2020-0072

西川開. (2021). 知識コモンズの観点による日本の研究データリポジトリにおける研究データガバナンスの分析 [博士論文, 筑波大学]. つくばリポジトリ. https://tsukuba.repo.nii.ac.jp/record/2002169/files/DA010132.pdf

第 7 章：

西川開. (2022). 知識コモンズとデジタルアーカイブ. 数藤雅彦編. 知識インフラの再設計（デジタルアーカイブ・ベーシックス）(pp. 33-56). 勉誠出版.

索 引

著者紹介

1991 年北海道生まれ。2021 年筑波大学大学院図書館情報メディア研究科博士後期課程修了。博士(図書館情報学)。現在，筑波大学図書館情報メディア系助教。主な著書に，『知識インフラの再設計(デジタルアーカイブ・ベーシックス)』(共著，勉誠出版，2022 年)，『欧米圏デジタル・ヒューマニティーズの基礎知識』(共著，文学通信，2021 年)などがある。

知識コモンズとは何か

パブリックドメインからコミュニティ・ガバナンスへ

2023 年 10 月 20 日　第 1 版第 1 刷発行

著　者　西川　開

発行者　井村寿人

発行所　株式会社　勁草書房

112-0005 東京都文京区水道 2-1-1　振替 00150-2-175253
(編集) 電話 03-3815-5277／FAX 03-3814-6968
(営業) 電話 03-3814-6861／FAX 03-3814-6854

三秀舎・中永製本

＊表示価格は 2023 年 10 月現在。消費税は 10％ が含まれております。